교회를 향한 기도

교회를 향한 기도
– 주의 양은 주의 음성을 듣는다 –

펴낸날 | 2024년 9월 20일

지은이 | 황 재 명
펴낸이 | 허 복 만
펴낸곳 | 야스미디어
등록번호 제10-2569호

편 집 기 획 | 디자인드림
표지디자인 | 디자인일그램

주　소 | 서울시 영등포구 영중로 65, 영원빌딩 327호
전　화 | 02-3143-6651
팩　스 | 02-3143-6652
이메일 | yasmediaa@daum.net
I S B N | 979-11-92979-14-4 (03230)
정가 15,000원

교회를 향한 기도

주의 양은 주의 음성을 듣는다

황재명 지음

머리말

기도는 영적 호흡이다. 기도 없이는 살아갈 수 없음을 표현한 메타 포이다. 기도는 그 어떤 종교적 예식이나 행위가 아닌 삶의 일부이다. 아니, 삶의 전부이다. 성도라면 그 누구도 예외 없이 기도해야 한다. 이 세상을 살아가기 위해서는 기도해야 한다.

그렇다면 왜 기도해야 하는가? 어떻게 기도하는 것이 올바른 기도인가? 어떻게 기도해야 응답 받을 수 있을까? 이러한 질문들에 대한 고민들이 모여 소위 '기도 학교'라는 양육 프로그램이 교회마다 생겨나고 있다.

이런 바람직한 움직임 속에 한 가지 유의해야 할 것이 있다. 기도 학교가 기도에 대해 모든 것을 해결해 줄 것이라는 기대감이다. 기도 학교를 수료하면 기도의 전문가가 될 수 있을 거라는 '행복한 망상'이다. 성경에 기록되어 있는 다양한 기도의 깊이와 넓이를 교회의 양육 프로그램으로 커버할 수 있다고 생각하는 그 자체가 무모한 발상이자 다소 용감한 시도이다. 기도 학교에는 입학은 있으나 졸업은 없다. 이 세상을 떠나 저 하늘 본향으로 돌아가는 그날까지 성경적 기도의 지경을 계속 넓혀가야 한다.

미국이 배출한 가장 심오한 사상가이자 위대한 청교도 신학자이며 철학자인 조나단 에드워즈 목사님의 가장 큰 공헌은 미국 제1차 대각성 운동이다. 그가 죽은 지 2세기 반이 지났는데도 그는 여전히 수많은 사람들에게 영적 통찰력과 깨달음을 주고 있으며, 기독교 단일 인물로는 가장 많은 연구 논문이 출간되었다.

그럼 무엇이 에드워즈 목사님을 그렇게 영향력 있는 사람으로 만들었을까? 이에 학자들은 이구동성으로 하나님의 말씀에 토대를 둔 탁월한 지성과 실천적 영성 때문이라고 답한다. 맞는 말이다. 그러나 여기에 한 가지를 더하고 싶다. 그것은 바로 기도이다.

"내게는 하나님과 그리스도를 향한, 그리고 거룩함을 향한 강렬한 열망이 있었다. 그로 인해 내 마음은 거의 터질 듯 충만했다. 해마다 나는 하나님의 일을 하면서 거의 모든 시간을 보냈다. 가끔은 숲이나 한적한 곳을 홀로 걸으며 묵상과 독백과 기도를 통해 하나님과 대화를 나누었다. 그럴 때면 나는 늘 내가 묵상한 것을 찬양으로 부르고는 했다. 어디에 있든지 끊임없이 내게서 기도가 쏟아져 나왔다. 나의 마음의 내적 열망을 토해내는 호흡처럼, 기도는 내게 아주 자연스러운 일이었다"(조나단 에드워즈).

기도는 하나님과 그리스도를 향한 강렬한 열망의 분출이다. 그 내적 열망의 분출은 특별한 사건이나 경험이 아니라 늘 자연스럽게 일어나는 삶의 일부분이다. 하나님이라는 세 글자를 떠 올리기만 해도 마음 속 깊은 곳에서 터질 듯 올라오는 것, 그것이 바로 기도이다. 이런 기도를 조나단 에드워즈 목사님은 날마다 하나님께 올려드렸던 것이다.

지금 당신의 기도는 하나님을 향한 간절함과 갈급함의 열망을 토해

내는 영혼의 분출인가?

이제 지금까지 내 방식대로 해온 기도를 버려야 한다. 그리고 성경이 가르치는 기도의 모습으로 나아가야 한다. 즉, '막기도'를 버리고 제대로 배운 '성경적 기도'로 나아가야 하나님과의 소통하는 은혜를 누리게 된다.

"기도를 배우는 일은 새로운 것을 배우는 것이 아니라 우리의 첫 언어를 회복하는 것이다"(유진 피터슨). 이 땅에 죄악이 들어오기 전 창조주 하나님과 인격적 대화를 나누었던 그 언어를 회복하는 것이 바로 기도의 본질이다. 첫 언어를 회복하는 기도를 통하여 하나님의 음성을 듣고 하나님의 뜻을 이루어가는 삶, 바로 그런 삶을 통하여 하나님은 이 땅에 하나님의 나라를 세워가고 계신다.

첫 언어를 회복하기 위해서는 주님과 하나가 되어야 한다. 주님과 하나될 때 하나님과의 인격적 교제가 회복된다. 그래서 노르웨이 신학자 오 할레스비는 "기도한다는 것은 예수님을 우리의 마음속으로 들어오시게 하는 것이다"라고 정의 하였다. 기도는 "누구든지 문을 열면 내가 그에게로 들어가겠다"(계 3:20)고 말씀하시는 주님께 마음의 문을 여는 것이다. 주님께 마음의 문을 열어야 주님의 음성을 들을 수 있다. 그리고 주님의 음성을 들어야 주님을 따라갈 수 있다. 이것이 성경적 기도가 가리키는 본질적 방향이다.

주의 음성을 듣는 기도, 첫 언어를 회복하는 기도를 배우기 위해 먼저 예수 그리스도의 기도에 관한 말씀들을 살펴보려 한다.

이를 위해 Part 1에서는 먼저 '주의 양은 주의 음성을 듣는다'(요 10:27)라는 주님의 말씀에 입각하여 기도가 무엇인지 살펴보려 한다. 그리고 하나님의 아들이신 예수 그리스도께서 이 땅에 오셔서 어떻게 하나님 아버지께 기도 드리셨으며, 우리는 어떻게 기도해야 하는지에 대한 그 근본적인 가르침을 성경 말씀을 통해 배우고자 한다. 특히 어떤 기도가 하나님의 응답을 받는 기도이며, 그리고 기도의 응답은 무엇인지에 대해 성경의 답을 듣고자 한다.

이어지는 Part 2에서는 바울 서신서에 기록된 사도 바울의 기도를 통하여 주님의 음성을 듣고 주님을 따라가는 자의 기도는 어떤 기도이며, 그리고 어떻게 하나님과 소통하고 있는지를 살펴보려 한다. 특히 교회를 향한 사도 바울의 간구를 통하여 참된 성도('주의 양')는 이 세상에서 어떻게 살아가야 하는지에 대한 그 길잡이를 찾고자 한다. 즉, 하나님과의 친밀한 인격적 교제 가운데 하나님의 음성을 듣는 자의 삶과 그 신앙 생활에 대하여 고찰하고 오늘 우리의 삶을 향한 적용점을 찾고자 한다.

끝으로 이 책이 나오기까지 지혜와 열정으로 인도하여 주신 하나님께 감사와 영광을 올려드린다. 또한 이 책이 나올 수 있도록 글을 다듬어 주신 박정순 권사님과 채정희 권사님, 그리고 기획하시고 멋진 작품으로 만들어 주신 야스미디어 대표 허복만 장로님께 깊은 감사의 말씀을 드린다.

차례

Part 1
주님의 기도

'하나님보다 앞서지 말아라
성령보다 앞서지 말아라
기도보다 앞서지 말아라'

〈5만 번 이상 기도응답 받은 조지 뮬러〉

이 세상에서 가장 아름다운 손은
기도하는 손이다

〈기도하는 손〉

알브레히트 뒤러, 1508년, 독일 뉘른베르크 박물관

1장

생각으로 듣고
기도와 말씀
묵상으로
깨닫는다

보혜사 곧 아버지께서 내 이름으로 보내실 성령 그가 너희에게 모든 것을 가르치고 내가 너희에게 말한 모든 것을 생각나게 하리라 (요 14:26).

주님을 향한 믿음을 고백할 때 자주 부르는 찬송 중에 '살아 계신 주'라는 찬양이 있다. 그 제목에 맞게 후렴 가사는 살아 계신 주로 인하여 성도에게 주어지는 축복의 삶을 노래한다("살아 계신 주 나의 참된 소망 걱정 근심 전혀 없네 사랑의 주 내 갈 길 인도하니 내 모든 삶에 기쁨 늘 충만하네"). 오늘도 우리 믿는 자들이 그 어떤 상황과 환경 속에서도 걱정과 근심 내려놓고 소망이 넘쳐나는 기쁨 충만의 삶을 살아갈 수 있는 것, 그것은 바로 영원토록 살아 역사하시는 하나님의 인도, 보호하심의 은혜가 있기 때문이다.

하나님은 어제나 오늘도, 그리고 영원토록 살아 계신다. 어떤 존재가 살아 있다는 것은 말하고 움직이고 행동함을 의미한다. 하나님은 살아 계시기 때문에 우리의 삶에 개입하고 관여하시며 우리를 생명의 길로 이끌어 가신다. 죽은 신은 절대로 어느 길이 인생의 정답의 길인지 말해 줄 수 없다. 즉, "내 갈 길 인도할 수 없다." 지금 그 살아 계신 하나님이 당신을 향해 말씀하고 계신다. 그 음성이 들리는가?

오늘도 주님은 우리 모두를 향해 "내 양은 내 음성을 들으며 나는 그들을 알며 그들은 나를 따르느니라"(요 10:27)라고 선포하고 계신다. 주님의 음성은 우리의 육신이나 세상의 귀로는 절대로 들을 수 없다. 심지어 기독교 교리나 전통으로도 결코 들을 수 없다. 그러면 누가 주님의 음성을 들을 수 있는가? 오직 '주의 양'만이 주님의 음성을 들을 수 있다("내 양은 내 음성을 들으며"). 여기서 '듣는다'는 것은 듣고 순종한다는 의미이다. 듣고 순종한다는 것은 주님을 따라간다는 의미이다. 양이 목자의 음성에 따라가지 않는다면, 그 양은 죽은 목숨과 마찬가지이다. 그래서 양들은 목자의 음성을 들어야 한다. 그런데 우리의 현실적인 문제는 주님의 음성이 들리지 않는다는 데 있다. 아니 솔직히 말해 대부분의 성도들은 무엇이 주님의 음성인지 잘 모른다. 그 이유는 바로 성도들이 듣는 훈련이 되어 있지 않기 때문이며, 더 나아가 육성으로 말씀하시는 것을 음성으로 생각하기 때문이다.

그럼 주님은 어떤 방식으로 우리에게 말씀하시며, 그 음성은 어떻게 들리는가? 이에 대해 지금까지 수많은 신학자들과 목사님들이 제시한 것들을 정리해보면 다음 세 가지로 요약될 수 있다. '성경 말씀', '성령의 내적 증거와 음성' 그리고 '성령의 외적 증거와 음성'.

먼저 '성경 말씀'이란 말 그대로 성경에 기록되어 있는 말씀을 통해 하나님이 우리에게 말씀함을 의미한다. 그리고 '내적 음성'이라 함은 성령께서 세미한 음성, 영혼의 인지, 확신, 그리고 마음의 평안 등의 감정을 통해 우리 마음 안에서 가르쳐 주시고 알게 하시는 것이다.

다음으로 '외적 음성'이란 성령께서 우리 성도들이 보거나 들을 수 있는 방식으로 전달하시는 하나님의 뜻 또는 섭리를 의미하며, 그것은 주로 환경의 변화, 일어난 사건, 다른 사람의 말 등을 통해 전달된다.

여기서 주목해야 하는 것은 우리가 하나님의 음성을 성경 말씀을 통해 듣든, 내적 또는 외적 음성을 통해 듣든, 그 들은 음성은 반드시 우리의 생각으로 정리되게 되어 있다는 사실이다. 이를 증명하는 것이 요 14:26 말씀이다. "보혜사 곧 아버지께서 내 이름으로 보내실 성령 그가 너희에게 모든 것을 가르치고 내가 너희에게 말한 모든 것을 생각나게 하리라."

여기서 "생각나게 하리라"는 것은 주님이 우리에게 말씀해 주신 모든 것, 즉 하나님의 말씀인 성경 말씀을 성령께서 가르치시고 생각나게 하심으로 주님은 우리를 이끄시고 인도하신다는 뜻이다. 다시 말해, 주님의 음성을 듣는다는 것은 우리의 생각하는 과정을 통해 이루어짐을 암시한다. 그런데 실제 신앙 생활에 있어서 문제는 우리의 생각이 모두 주님의 음성이 아니라는 사실이다. 우리 마음에 떠오르는 생각이라 하여 모두가 다 주님이 주시는 생각은 아니다.

그래서 사도 바울은 우리가 '육을 따르느냐 아니면 영을 따르느냐'에 따라 우리의 생각이 달라짐을 분명히 경고하고 있다. "육신을 따르는 자는 육신의 일을, 영을 따르는 자는 영의 일을 생각하나니 육신의 생각은 사망이요 영의 생각은 생명과 평안이니라"(롬 8:5-6).

하나님이 보시기에 이 세상에는 육신을 따르는 자와 영을 따르는 자, 즉 사망으로 나아가는 자와 생명과 평안을 누리는 자, 이렇게 두 종류의 사람으로 나누어진다. 그렇다면 당신은 어느 쪽인가? 당신이 어느 쪽에 속한 사람인지를 결정해 주는 것이 바로 지금 당신이 마음에 품고 있는 생각이다.

근대 철학의 아버지 데카르트가 "나는 생각한다 고로 존재한다"라고 말했듯이 우리는 분명 생각하는 존재이다. 우리 모두는 생각을 통해 사리를 판단하고 행동한다. 그래서 간혹 "제발 생각 좀 하고 살아라"라는 이야기를 들을 때도 있다. 그런데 앞서 언급하였듯이 우리가 어떤 생각을 하는가? 육신의 일을 생각하는가, 아니면 영의 일을 생각하는가에 따라 사망이냐 생명이냐가 결정된다. 그래서 육의 생각인지 영의 생각인지에 대한 분별이 필요하다. 그리고 우리 마음 안에 떠오르는 생각들을 분별하고 영을 따르는 자로 살아가기 위해서 필요한 것이 바로 '기도와 말씀 묵상(큐티)'이다. 왜냐하면 기도하며 말씀을 묵상할 때에, 보고 들은 것들이 우리의 생각 안에서 이해되고 정리되며 연결되고 분명해지기 때문이다. 특히 우리의 생각 중에 무엇이 육신의 일인지, 영의 일인지를 정확하게 분별해주기 때문이다. 그래서 기도와 말씀 묵상은 하나님의 음성을 '올바로' 듣는데 있어서 절대 필수 조건이다. 하나님의 음성에 관한 성경적 통찰과 실제적 지침을 제시한 달라스 윌라드 목사님도 강조하신 것이 바로 '말씀을 읽고 묵상하고 기도하는 것'이었다.

기도

기도는 궁극적으로 주님의 뜻을 알아가는 '영적 네비게이션'이다. 내 뜻, 내 생각, 내가 원하는 것을 구하는 것이 아니라 하나님의 뜻을 구하는 것이 기도의 본질이다. 그래서 주님도 십자가 지시기 전 "내 아버지여 만일 할 만하시거든 이 잔을 내게서 지나가게 하옵소서 그러나 나의 원대로 마시옵고 아버지의 원대로 하옵소서"(마 26:39)라고 기도하셨다.

일전에 어느 대형 교회에서 부목사로 섬기고 있을 때, 감사하게도 두 번에 걸쳐 담임 목사로 청빙하는 제안이 들어왔었다. 그때 아무런 망설임 없이 거절할 수 있었던 이유는 전혀 기도할 마음이 들지 않았었기 때문이다. 그런데 2018년 10월 내 마음 속에 '교회를 개척하라'는 성령의 세미한 음성이 들려왔을 때, 그때 제일 먼저 떠오른 생각은 '더 기도해야 되겠다'라는 마음이었다. 그로부터 무려 11개월을 기도하며 교회를 개척하는 것이 주님의 뜻인지('영의 일'), 혹시나 내 생각은 아닌지('육의 일')를 분별코자 하였다. 더 나아가 왜 교회를 개척해야 하는지, 주님은 어떤 교회를 원하시는지, 그리고 마지막으로 왜 나인지를 묻고 듣고 분별하기 위해 기도하였다. 이에 대해 모든 것이 정리된 때가 2019년 9월이었다. 그때 내 아내도 교회 개척에 대해 동의해 주었다. 처음에는 두려워하며 교회 개척에 부정적이었던 아내가 OK 사인을 준 시점이 바로 나의 모든 기도가 응답 받은 때였다는 사실이 참으로 오묘하지 않은가?

참으로 하나님의 섭리는 오묘하시다. 2020년 1월에 개척된 생명의 길 교회를 섬기면서도 교회 목회 방향이나 사역 계획 등을 세울 때 기도를 통하여 주님의 음성을 듣고 그 들은 음성을 확인하고자 하였다. 어떨 땐 무엇을 어떻게 설교해야 하는지 그 내용까지도 하나하나 보여주시며, 설교의 흐름도 잡아 주셨다. 누가? 하나님께서. 언제? 새벽기도를 통하여. 그래서 주님의 음성을 듣고 분별함에 있어 기도가 절대 필수 조건임을 힘주어 말할 수 있다. 다시 말해, 우리 마음 안에 들어온 생각은 반드시 기도로 이어져야 한다. 생각하고 행동하기 전에 반드시 기도해야 한다. 왜냐하면 첫째, 기도하면 하나님이 보이고 생각만하면 사람이 보이기 때문이다. 둘째, 기도하면 하나님께서 일하시고 생각만하면 사람이 일하기 때문이다. 셋째, 생각만하는 사람은 판단에 의존하지만 기도하는 사람은 하나님의 힘으로 살아가기 때문이다.

그럼 어떻게 기도해야 하는가? 어떤 기도가 주님의 음성을 분별할 수 있는가?

첫째, 기도의 출발점은 거룩이다. 내가 죄인임을 깨닫고 주님 앞에 엎드려 자복하고 깨끗이 씻김 받음이 우선 전제되어야 한다. "내가 나의 마음에 죄악을 품었더라면 주께서 듣지 아니하시리라"(시 66:18). 우리의 기도가 복음서에 나오는 바리새인의 위선적인 기도가 아니라 세리의 통회하는 심령의 기도가 될 때, "멀리 서서 감히 눈을 들어 하늘을 쳐다보지도 못하고 다만 가슴을 치며 이르되 하나님이여 불쌍히 여기소서. 나는 죄인이로소이다"라고 상한 마음으로 자복할 때, 주님은 우리의 기도에 주목하시고 응답하신다. 우리 마음에 죄악을 품고 있으면 주님의 음성은 절대로 들리지 않는다.

둘째, 기도는 양방향 소통이다. 기도는 일방통행이 아니며 말하고 듣는 영적 대화이다. 그 누구와도 인격적 관계와 동행함 속에는 반드시 서로 주고받는 대화가 있어야 한다. 그리고 상대방과의 대화는 내가 그 사람의 말을 들어야 가능한 것이다. 하나님과의 관계에 있어서도 마찬가지이다. 들어야 대화가 되고 대화가 되어야 주님이 원하시는 것이 무엇인지 알 수 있게 된다. 한마디로 기도에는 '듣는 시간'이 있어야 하며 신앙 생활에 '듣는 훈련'이 이루어져야 한다.

셋째, 기도는 어쩌다 하는 종교적 습관이나 규례가 아니다. 필요할 때만, 다급할 때만 하나님께 취하는 SOS 핫라인이 아니다. 쉬지 말고 범사에 기도하는 것이 참된 기도이다.

혹시 내일 무슨 일이 일어날지 아는 사람이 있는가? 한치 앞도 모르는 것이 우리 인생이다. 그래서 우리의 모든 것을 알고 계시며 오늘도 인류 역사를 이끌어 가시는 하나님께 기도 드려야 한다. 그래야 단 한 번 밖에 주어지지 않는 인생을 올바로 제대로 살아갈 수 있다. 이것이 우리가 기도해야 하는 이유이다.

그런데 정말 안타까운 것은 오랫동안 신앙 생활을 해온 성도들 중에 기도가 습관화되어있지 않은 사람들이 있다. 대개 이러 사람들은 평상시에는 기도하지 않는다. 기도하더라도 형식적으로 기도의 모양만 갖춘다. 그러다가 인생의 시련과 위기를 만나게 되면, 인생의 폭풍우가 몰아 닥치면 어쩔 수 없이 기도의 자리로 나오게 된다. 새벽기도, 금요 철야기도, 심지어 40일 금식기도의 자리로 나아온다. 그리고 하나님께 매달려 죽기 살기로 기도한다. 이런 사람들은 조심해야 한다. 왜냐하면 하나님이 그런 사람들을 쉬지 않고 기도하게 만들기 위해 그 인생을 힘들게 하실 수도 있기 때문이다.

넷째, 기도의 응답은 평강('샬롬')이다. 이를 증명하는 것이 빌 4:6-7 말씀이다. "아무것도 염려하지 말고 다만 모든 일에 기도와 간구로, 너희 구할 것을 감사함으로 하나님께 아뢰라. 그리하면 모든 지각에 뛰어난 하나님의 평강이 그리스도 예수 안에서 너희 마음과 생각을 지키시리라."

모든 일에 대한 기도와 간구의 응답은 하나님의 평강이다. 그리고 그 평강이 우리 마음과 생각을 지켜준다. 어떤 생각이? 주님이 주신 영의 생각이 마음의 평안을 주는 생각이다. 그리고 그 생각을 지켜주는 것이 바로 기도이다.

말씀 묵상

하나님의 음성을 듣는데 있어서 '기도'만이 아니라 '말씀 묵상' 또한 절대 필수 조건이다. 이를 잘 보여주는 것이 "사람이 귀를 돌려 율법을 듣지 아니하면 그의 기도도 가증하니라"(잠 28:9)란 말씀이다.

기도가 말씀 위에 세워지지 않으면 하나님은 그 기도를 듣지 않으신다. 말씀대로의 기도(성경적 기도)가 되지 못하면 하나님은 응답하지 않으신다. 그래서 말씀 묵상이 중요한 것이다. 이에 대해 히 4:12은 다음과 같이 강조한다. "하나님의 말씀은 살아 있고 활력이 있어 좌우에 날선 어떤 검보다도 예리하여 혼과 영과 및 관절과 골수를 찔러 쪼개기까지 하며 또 마음의 생각과 뜻을 판단하나니"(히 4:12). 하나님의 말씀은 우리 마음의 생각과 뜻을 판단하여 무엇이 영의 생각인지 깨닫게 해준다.

앞서 빌 4:7에서 강조되었듯이 기도는 우리의 생각을 지켜 준다. 그리고 말씀은 우리의 생각과 뜻을 판단한다(히 4:12). 사실, '기도와 말씀 묵상'은 동전의 양면과 같다. 말씀을 묵상하는 자는 기도하게 되어 있고 기도하는 자는 말씀을 읽고 듣고 묵상하게 되어 있다. 이는 '기도와 말씀 묵상'이 매일 꾸준하게 이루어져야 주님의 음성을 올바로 들을 수 있음을 보여준다. 그래서 교회가 주님의 뜻에 따라 올바로 세워져가는 데 있어서 두 영적 기둥이 바로 '기도와 말씀'인 것이다.

사도행전을 보면, 초대 교회가 구제 사역에 있어 갈등과 분쟁으로 인해 교회에 위기가 닥쳐오자 베드로를 비롯한 열 두 사도는 "모든 제자를 불러 이르되 우리가 하나님의 말씀을 제쳐 놓고 접대를 일삼는 것이 마땅하지 아니하니 형제들아 너희 가운데서 성령과 지혜가 충만하여 칭찬 받는 사람 일곱을 택하라 우리가 이 일을 그들에게 맡기고 우리는 오로지 기도하는 일과 말씀 사역에 힘쓰리라"(행 6:

2-4)라고 선포하였다. 초대 교회가 그 어떤 위기 앞에서도 흔들림 없이 성장·성숙할 수 있었던 그 근본 원인은 바로 "기도하는 일과 말씀 사역에 힘쓰리라"에 있었던 것이다.

우리의 주 예수 그리스도께서도 공생애를 시작하실 때 40일 금식기도로 시작하셨으며 그 기도함 가운데 다가온 마귀의 시험에 대하여 하나님의 말씀으로 대응하셨다. 마귀가 육의 생각으로 미혹코자 하자 주님은 하나님의 말씀으로 분별하시고 승리하셨던 것이다. 그러므로 '기도와 말씀 묵상'은 우리 믿는 자들이 절대로 소홀히 할 수 없는, 아니 절대로 놓쳐서는 안 되는 신앙의 '필수불가결'이다.

오래 전에 시각 장애인으로 미국 행정부 차관보까지 역임하신 강영우 박사님을 만나 식사 교제를 나눈 적이 있었다. 그때 박사님은 싱가포르 소재 한인 교회에 간증 집회를 하러 오셨는데, 말씀을 전하시기 위해 강단에 오르는 모습을 보며 깜짝 놀랐다. 강영우 박사님을 옆에서 인도하시는 분이 박사님을 너무나 빠른 걸음으로 이끌고 계셨기 때문이다. 그래서 집회가 끝나고 식사 교제를 나눌 때 박사님께 '강단으로 오르실 때 걸음이 너무 빠르셔서 보기에 위험해 보였습니다. 옆에 계신 분이 너무 빨리 이끄신 것 아닌가요?'라고 질문하였다. 그러자 박사님은 다음과 같이 답하셨다. '제가 리드한 것입니다. 인도해 주시는 분이 바로 앞에 있는 것들을 미리미리 말씀해 주시면 전혀 문제가 되지 않습니다.'

물론 처음에 눈이 안보이기 시작하셨을 때는 걸음 떼기가 무서워서 주위를 하나하나 다 확인해 가면서 천천히 한발자국씩 이동하셨다고 한다. 그런데 이제는 보통 사람들처럼 아무 불편없이 자연스럽게 계단을 오르내리고 이동하신다고 말씀하셨다.

이를 통해 새삼 다시 깨닫는 것은 '처음부터 잘하는 사람은 없다'라는 진리이다. 아무리 세계적으로 유명한 운동선수나 음악가라 할지라도 처음부터 잘하는 사람은 없다. 매일매일 꾸준히 반복 연습하며 성실히 노력한 결과로 지금이 존재하는 것이다. 하나님의 음성을 듣는 것도 마찬가지이다. 한 걸음 한 걸음 열심을 다해 믿음의 발걸음을 내딛다 보면 어느새 목적지에 도착하게 될 것이다. 아무리 먼 거리라 할지라도 그 출발점은 한 걸음부터이다. 주님의 음성을 듣는 그 한 걸음이 바로 '기도'와 '말씀 묵상'임을 잊지 말라.

당신이 정말 주의 양이라면 하나님의 음성 듣기를 사모하라. 그리고 갈급한 심령으로 기도와 말씀 묵상에 정진하라. 그러면 그 사모하는 갈급함의 심령 가운데에 주님의 음성이 들려오게 될 것이다. 그 주님의 음성을 생각으로 듣고 기도와 말씀 묵상으로 깨닫게 되길 기도한다.

"하나님께서 우리에게 말씀하실 것은 우리가 하나님께 말씀드려야 할 것보다 더욱 중요한 것이다"(마클라 쉬란).

'하나님의 음성을'

하나님의 음성을 듣고자 기도하면
귀를 기울이시고 내 기도를 들어주신다네
깊은 웅덩이와 수렁에서 끌어 주시고
나의 발을 반석위에 세우시사
나를 튼튼히 하셨네

새노래로 부르자 랄라라 하나님께 올릴 찬송을
새노래로 부르자 하나님 사랑을

주를 의지하고 교만하지 않으면
거짓에 치우치지 아니하면 복이 있으리라
여호와 나의 주는 크신 권능의 구주라
주의 크신 권능으로 우리들을 사랑하여 주시네
새노래로 부르자 랄라라 하나님께 올릴 찬송을
새노래로 부르자 하나님 사랑을

새노래로 부르자 랄라라 하나님께 올릴 찬송을
새노래로 부르자 하나님 사랑을

2장

예수님도
기도하셨다

새벽 아직도 밝기 전에 예수께서 일어나 나가 한적한 곳으로 가사 거기서 기도하시더니 (막 1:35).

오늘도 하나님의 말씀은 '주의 양은 주의 음성을 듣는다'(요 10:27) 고 선포하고 있다. 우리 믿는 자 모두는 주의 양이다. 그러므로 우리 모두는 주의 음성을 들을 수 있어야 한다. 아니 당연히 들어야 한다. 그런데 문제는 주님의 음성이 들리지 않는다는 것이다. 아니 솔직히 말해, 듣지 못한다는 데 있다. 다시 말해, 주님이 말씀하실 때 우리 가 알아듣느냐가 우리가 처한 현실의 문제이다.

어떤 사람이 영어로 말을 걸어오면 알아듣는 사람이 있고 무슨 말인 지 모르는 사람도 있다. 모두 다 듣기는 듣는데 말의 의미를 알아듣 는 사람이 있고 그렇지 못한 사람도 있다. 그럼 영어를 알아듣기 위해 어떻게 해야 하는가? 그 답은 간단하다. 열심히 공부해야 한다. 영어 단어를 외우고 영어 문장을 자주 접하며 자주 사용해야 한다. 한마디로 영어가 익숙해져야 한다.

하나님의 음성을 듣는 것도 마찬가지이다. 성경 말씀에 기록된 하나님의 의사소통 방식을 공부해야 한다. 하나님이 말씀하실 때 그 음성을 들을 수 있는 훈련을 해야 한다. 그 훈련의 가장 기본적인 것이 바로 기도와 말씀 묵상(큐티)이다. 특히 기도는 하늘 문을 여는 열쇠이자 영적 호흡이며, 우리의 삶을 하나님의 말씀대로 살아가게 만들어주는 거룩한 도구이다. 한마디로 하나님의 뜻을 향해 이끌어주는 영적 GPS이다. 그래서 이 땅에 오신 예수님도 하나님의 뜻을 이루기 위해 매일 새벽 미명에 하나님께 기도함으로 하루를 시작하셨다. 그리고 이 땅에서의 마지막 기도도 '나의 원대로 마옵시고 아버지의 원대로 하옵소서'라고 하나님의 뜻을 구하는 기도였다.

그 주님의 기도가 어떤 기도였는지, 어떻게 주님은 매일매일 기도하셨는지를 잘 보여주는 말씀이 "새벽 아직도 밝기 전에 예수께서 일어나 나가 한적한 곳으로 가사 거기서 기도하시더니"(막 1:35)이다. 이 말씀 속에 예수님이 하나님 아버지와 소통하시는 그 기도에 대한 4가지의 특징이 있다. 다시 말해, 오늘 우리가 본 받아야 할 4가지의 기도 영성이 담겨 있다.

첫 번째: '새벽 아직도 밝기 전에'

이 말씀이 주는 세 가지 영적 의미는 다음과 같다.

첫째, 예수님은 하루를 '새벽 아직도 밝기 전에' 시작하셨다. 그것도 기도하심으로 시작하셨다.

이는 예수님의 삶의 우선 순위가 하나님께 기도함에 있었음을 보여 준다. 다시 말해, 우리가 아침에 일어나자마자 제일 먼저 해야 할 것은 바로 우리의 삶을 하나님께 plug-in 하는 것임을 교훈한다. 하나님께 plug-in 해야 하루하루를 올바로 제대로 살아낼 수 있다. 아침부터 세상 것에, 핸드폰에 유튜브에 홈쇼핑에 plug-in 하면 세속적인 삶을 살아갈 수밖에 없다. 기도는 우리의 삶을 하나님께 plug-in 함으로 시작된다.

하루를 기도로 시작하는 삶이 얼마나 중요한지를 나치 독재에 저항했던 신학자 디트리히 본회퍼 목사님은 다음과 같이 강조하였다.

"아침에 하나님과 하나 되는 조화로운 마음은 하루를 온종일 질서 있고 정연하게 만들어 줍니다. 아침기도 때 이러한 일치감을 간구하고 발견해야 하며, 이것은 일을 할 때 증명됩니다. 이른 아침의 기도는 그날을 결정합니다. 우리가 부끄럽게 낭비한 시간, 이기지 못한 유혹들, 연약함과 낙담 속에서 일하는 것, 다른 사람들과의 교제나 우리의 생각에서 나타나는 무질서함과 방종은 종종 아침기도의 소홀함에서 비롯됩니다."

둘째, '새벽 아직도 밝기 전에' 기도하셨다는 것은 세상이 잠자는 시간에 깨어 기도하셨음을 보여준다.

이는 주님의 기도가 어둠을 깨우는 기도였으며, 세상을 덮고 있는 어둠의 권세를 물리치는 그 출발점이 바로 기도임을 알려준다. 다시 말해, 세상을 변화시키는 그 출발점이 기도에 있음을, 그리고 더 나아가 세상을 변화시키는 그 능력이 기도에 있음을 말해주고 있다. 이를 잘 보여주는 것이 평양 대부흥 사건과 독일의 통일이다.

평양 대부흥은 1907년 장대현 교회에서 타오르기 시작한 부흥의 불길이 한반도 전역으로 퍼져 나간 성령 운동을 의미한다. 이때 장대현 교회 현장에 있었던 조지 매큔 선교사님(일제강점기 한국에 거주하며 독립운동을 지원한 미국선교사)은 그 부흥의 역사를 미국 북장로교 총무에게 보고하며 다음과 같이 고백하였다.

"우리는 매우 놀라운 은혜를 경험하고 있습니다. 성령께서 권능 가운데 임하셨습니다. 장대현 교회에서 모인 지난 밤 집회는 최초의 실체적인 성령의 권능과 임재의 현시였습니다. 우리 중 아무도 지금까지 이전에 그와 같은 것을 경험하지 못했으며 우리가 웨일즈, 인도에서 일어난 부흥 운동에 대해서 읽었지만 이번 장대현 교회의 성령의 역사는 우리가 지금까지 읽었던 그 어떤 것도 능가할 것입니다."

바로 이 부흥의 역사가 시작된 그 출발점이 1904년 원산에서 일어난 기도의 불길이었음을 잊지 말아야 한다.

그리고 또한 1989년 11월 베를린장벽이 무너진 데는 라이프치히 니콜라이 교회에서 누구도 주목하지 않았던 7년간의 기도운동이 있었다. 독일 통일을 위해 라이프치히 니콜라이 교회에서 1982년부터 시작된 작은 기도회는 1989년 10월 9일 라이프치히 시민들이 합류하기 시작하였으며 일주일 후 10월 16일 월요일에는 23만 명, 그 다음 월요일 23일에는 36만 명, 그리고 마지막 주일에는 57만 명이 동참하는 기도의 불길이 일어나, 결국 베를린 장벽을 무너뜨리는 역사를 이루었던 것이다.

셋째, '새벽 아직도 밝기 전에'는 남들이 편히 쉬는 시간에도 기도하는 데 힘쓰셨음을 암시한다.

이는 주님의 기도가 세월을 아끼며 촌각을 다투는 기도였음을 보여준다. 사실, 새벽은 우리 인간에게 있어서 잠의 유혹이 가장 강한 시간이다. 그런데 그 새벽잠의 유혹을 이겨내고 기도한다는 것은 그만큼 하나님을 향한 견고한 신뢰가 있음을 보여주는 것이다. 하나님의 말씀을 향한 간절함과 갈급함의 다가감이 있음을 보여주는 것이며, 더 나아가 하나님께 대한 희생과 헌신을 드리는 것을 의미한다.

이 중요성을 잘 드러내는 것이 최대복 목사님이 쓰신 〈새벽에 목숨을 걸라〉라는 책이다. 이 책의 머리말을 보면 새벽 기도의 중요성에 대해 다음과 같이 강조하고 있다.

"교회의 일꾼들을 찾고 싶은가? 그러면 새벽 기도하는 사람 중에 찾으면 된다. 가장 힘든 시간을 드려 헌신하는 성도가 다른 시간에 헌신하지 않겠는가? 그래서 새벽예배야말로 '예배의 최고봉'이라고 볼

수 있다. 교회의 모든 성도가 새벽예배 체질로 바뀌면 모든 예배
가 변화된다고 확신한다. 예배를 부흥시키려면 새벽을 부흥시키면
된다."

당신은 하루의 시작을 무엇으로 하는가? 아침에 일어나자 마자 제일
먼저 무엇을 하는가? 오늘날 기독교인들은 종종 바쁘다는 핑계로 기
도를 건너뛸 때가 많이 있다. 바빠서, 피곤해서, 아파서, 일 때문에
등 세상적인 이유와 구실들을 들어 기도를 삶의 가장 자리로 밀어내
고 있다. 삶이 바쁜가? 살아가기가 점점 힘이 드는가? 이에 대해 종
교 개혁가 마틴 루터는 다음과 같이 권면한다. **"하루 두 시간 이상
기도하지 않으면 그 날은 사탄이 이긴다. 나는 너무 할 일이 많기
때문에 최소 세 시간은 기도해야 한다."**

기억하라, 성경 역사 속에 위대한 일들은 주로 새벽에 일어났다. 새
벽에 여리고 성이 허물어졌고, 새벽에 홍해가 갈라졌다. 그러면 지
금 당신의 새벽에는 무슨 일이 일어나고 있는가?

두 번째: '일어나 나가'

예수님은 기도하시기 위해 새벽에 일찍이 일어나셨다. 그리고 기도
의 자리를 찾아 나가셨다. 그럼 그냥 그 일어난 자리에서 기도하시
지 왜 나가신 것인가?

예수님이 '일어나 나가셨다'는 것은 하나님께로 나아감을 의미한다.
내가 잠들었던 자리, 세상의 자리에서 일어나 하나님께로 나아가는

것, 그것이 바로 기도의 시작이다. '여기'가 아니라 '저기'를 바라보며 나아가는 것, 그것이 바로 하나님과 소통하는 동행하는 삶이다.

내가 주인 삼은 모든 것 내려놓고 하나님께로 나아가는 것, 그것이 바로 하나님과 친밀함의 인격적 교제를 나누는 삶이다. 이렇게 모든 것 내려놓고 하나님께로 나아가는 것이 기도의 모습이다.

'일어나 나가'의 영적 의미를 성경 속에 잘 보여주는 것이 야곱의 인생이다. 창세기를 보면, 야곱은 형 에서를 속이고 장자권의 축복을 갈취하였다. 그로 인해 형 에서가 자신을 죽이려 하자 야곱은 외삼촌이 있는 하란으로 도피하였다. 하란으로 도피한 지 20년이 지난후, 가나안 땅으로 돌아온 야곱은 당시 문명이 발달한 도시 세겜이라는 땅에 정착하여 세상적 부와 명예를 누리며 살아가고 있었다. 그런데 어느 날 딸 디나가 세겜 족속 추장의 아들에게 성폭행을 당하는 사건이 일어났고, 그에 대한 복수로 야곱의 아들들이 세겜 족속을 학살함으로 인해 사면초가의 위험에 빠지게 되었다. 바로 그때 하나님이 야곱에게 나타나셔서 다음과 같이 말씀하셨다. "하나님이 야곱에게 이르시되 일어나 벧엘로 올라가서 거기 거주하며 네가 네 형 에서의 낯을 피하여 도망하던 때에 네게 나타났던 하나님께 거기서 제단을 쌓으라 하신지라"(창 35:1).

하나님이 야곱에게 나타나셔서 명하신 말씀 '일어나 올라가서 제단을 쌓으라'는 지형적으로 낮은 곳에서 높은 곳으로 올라가라는 의미가 아니다(참고로, 벧엘은 세겜에서 약 300미터 높은 곳에 위치). 영적으로 거룩한 곳, 구별된 곳으로 나아가 하나님께 예배드리라는 의미를 내포하고 있다. 한 마디로 '세상의 자리에서 일어나 하나님의 집 '벧엘'로 나아가 예배를 회복하라'라는 영적 각성의 명령이다.

이를 역으로 생각하면, 지금 야곱은 '거룩하지 않은 곳'에 있음을 암시한다. 야곱은 가나안으로 돌아와 부와 명예와 성공을 쫓아가는 지극히 세속적인 땅 세겜에서 안주하며 살다 보니, 오래 전 벧엘에서 하나님을 만난 첫 신앙의 은혜를 망각하고 영적 침체와 나태함에 빠져 있었던 것이다. 이런 신앙의 위기 가운데 빠져 있는 야곱, 세상의 물질 문화에 빠져 믿음의 초심을 잃어버린 야곱의 인생 속에 하나님이 다시 찾아오셔서 말씀하신 것이 바로 '세상의 땅 세겜에서 일어나 벧엘로 올라가서 신앙을 회복하라'는 은혜의 촉구였다.

오늘 우리의 예배드림 속에 세속의 자리, 영적 안일함의 자리, 불신앙 불순종의 자리에서 일어나 '**벧엘로 올라가 제단을 쌓으라**'라는 하나님의 음성을 듣게 되길 소망한다. 우리의 신앙 여정은 '여기가 좋사오니'의 안주함이 아니라, 십자가 푯대를 향해 나아가는 완주함에 있다. 그 완주함을 이끄는 것이 바로 기도의 힘, 기도의 능력이다. 기도는 하나님을 향해 '일어나 나가'는 삶의 행동이다.

세 번째: '한적한 곳'

예수님은 새벽 일찍이 일어나 하나님을 향해 나아가셨다. 그리고 '한적한 곳'에 이르러 기도하셨다. 성경에 기록된 예수님의 기도를 살펴보면, 혼자 기도하셨거나 혹은 제자들과 동행하셨어도 따로 한적한 곳으로 가셔서 기도하셨다.

그럼 '한적한 곳에서 기도하셨다'는 것은 무얼 의미하는가? 이에 대해 네 가지의 영적 의미를 살펴보려 한다.

첫째, 예수님의 기도는 당시 종교지도자들처럼 사람들에게 보이는 기도가 아니었다. 외식과 가식의 보여주기 위한 기도가 아니라, 하나님과의 은밀한 교제를 통해 하나님의 뜻을 분별하고, 그 뜻을 이루어 감에 힘과 지혜를 얻기 위한 기도였다. 그래서 예수님은 기도에 대해 오늘도 다음과 같이 교훈하고 계신다. "너는 기도할 때에 네 골방에 들어가 문을 닫고 은밀한 중에 계신 네 아버지께 기도하라 은밀한 중에 보시는 네 아버지께서 갚으시리라"(마 6:6). 올바른 기도는 경건의 모양이 아니라 경건의 능력이다.

둘째, '한적한 곳'으로 번역된 헬라어 원어('에레모스')는 '버려진 곳', '황량한 곳', '사람이 살지 않는 곳', 즉, '광야'라는 의미를 담고 있다.

그럼 예수님이 한적한 곳, 즉 광야에서 기도하셨다는 것은 무얼 말하고 있는가? 예수님의 공생애를 보면, 제일 먼저 광야로 나가시어 40일 금식기도하심으로 하나님 나라의 일을 시작하셨다. "그때에 예수께서 성령에게 이끌리어 마귀에게 시험을 받으러 광야로 가사, 사십 일을 밤낮으로 금식하신 후에 주리신지라"(마 4:1-2).

바로 그 광야 기도의 초심을 잊지 않고 날마다 기도하셨음을 암시하는 것이 바로 '한적한 곳'이다. 사단의 유혹을 하나님의 말씀으로 물리치신 그 초심의 능력을 매일매일 붙잡고 기도하셨음을 보여주는 것이 바로 '한적한 곳'이다.

셋째, 한적한 곳, 광야는 어원적으로(히브리어: '미드바르') 볼 때, '하나님의 말씀이 있는 곳'이란 의미가 있다. 더 놀라운 것은 그 어원인 '드비르'는 하나님의 임재 '지성소'를 뜻한다.

이는 광야가 하나님의 말씀을 듣는 곳이자 하나님의 임재를 체험하는 지성소와 같은 곳임을 시사한다. 다시 말해, 기도하기에 최적의 장소가 광야, 한적한 곳임을 암시한다. 사실 세상은 참으로 시끄럽고 혼잡한 곳이며, 인간 문명의 수많은 소리들이 우리의 감각과 생각을 지배하는 곳이다. 때문에 그곳에선 하나님께 온전히 집중하기가 쉽지 않다.

그런데 광야에는 아무것도 없다. 참으로 조용하다. 광야는 세상 소리 하나 없는 고요한 곳이다. 그래서 광야는 하나님의 음성을 듣는 최적의 장소이며, 하나님의 터치를 경험하는 최고의 장소이다.

넷째, 광야는 하나님의 도우심이 없으면 지탱하기 어려운 곳이다. 하나님이 만나를 내려 주셔야 생존할 수 있는 곳이 광야이며, 오직 하나님만을 신뢰하며 바라보게 만드는 곳이 광야이다.

그런 광야에서 기도해야 기도가 기도가 된다. 하나님의 도우심을 향한 간절함과 절박함, 그리고 갈급함의 기도가 터져 나온다. 하나님께 목숨 걸고 올인하는 기도를 경험하게 된다. 하나님이 내려 주시는 말씀의 만나가 얼마나 귀하고 감사한지 가슴 속 깊이 느끼게 만들어주는 곳이 바로 광야이다. 광야에서 40일 금식기도 하시며 마귀의 시험을 받으신 예수님은 오늘도 우리에게 다음과 같이 권면하신다. "사람이 떡으로만 사는 것이 아니라 하나님의 입에서 나오는 모든 말씀으로 산다"(마 4:4).

인생의 위기와 시련 가운데서 세상 떡보다 하나님 진리의 말씀을 붙잡을 수 있다는 것, 그것이 바로 기도를 통해 주어지는 능력이자 축복이다. 우리 인생은 흔히 세상이 말하듯 산을 정복하는 것이 아니라 광야를 건너는 것이다. 우리 믿는 자들에게 광야는 필수 코스이다. 왜냐하면 광야를 지나야 가나안으로 들어갈 수 있기 때문이다. 그 광야를 거쳐가는 데 반드시 필요한 것이 바로 기도이다.

네 번째: '거기서'

주님은 날마다 새벽 아직도 밝기 전에 일어나 나가 한적한 곳으로 가사 '거기서' 기도하셨다.

'거기서 기도하셨다'라는 것은 한마디로 예수님의 기도가 삶의 습관이었음을 보여준다. 이를 잘 보여주는 것이 눅 22:39-40 말씀이다. "예수께서 나가사 습관을 좇아 감람산에 가시매 제자들도 좇았더니 그곳에 이르러 저희에게 이르시되 시험에 들지 않기를 기도하라 하시고." 예수님의 기도는 습관을 좇는 기도였으며, 어제도 오늘도 내일도 변함없이 거기서 드리는 기도, 일상화된 기도, 즉 전에 하던대로의 기도이었던 것이다.

다니엘서를 보면, 다니엘은 그를 시기하는 대적들이 자기 목숨을 노리고 함정을 파 놓았다는 것을 알면서도 담대하게 이전에 하던대로 '동일한 장소'에서, '동일한 방법'으로, '동일한 시간'에 '거기서' 기도하였다. "다니엘이 이 조서에 왕의 도장이 찍힌 것을 알고도 자기 집에 돌아가서는 윗방에 올라가 예루살렘으로 향한 창문을 열고 전에 하던대로 하루 세 번씩 무릎을 꿇고 기도하며 그의 하나님께 감사하였더라"(단 6:10).

자신을 모함하고 음해하려는 자들이 자신의 행동거지 하나하나를 지켜보고 있다는 사실을 알고 있음에도 불구하고, 다니엘은 전혀 개의치 않고 '전에 하던대로' 하루 세 번 그것도 창문을 활짝 열어젖히고 (누구나 볼 수 있게) 하나님께 기도하였다.

하나님을 믿는 신앙이란 시간이나 장소에 따라, 상황의 변동에 따라 변할 수 있는 것이 아니다. 결코 타협할 수도, 변할 수도, 변질 될 수도 없는 것이 우리의 신앙이다. 바로 이를 이루어 내게 하는 것이 기도이다. 그것도 날마다 '거기서'의 기도, '전에 하던대로'의 기도의 능력이다.

그럼 오늘날 우리가 새벽 일찍 일어나 나가 기도해야 할 '한적한 거기'는 어디인가?

성도 각자에게 주어진 아주 특별한 '거기'가 있을 것이다. 그런데 성도라면 누구에게나 해당되는 '거기'가 있다. 그곳은 바로 교회, 교회 중에서도 새벽기도의 자리이다. 물론 새벽에 교회에 나와 기도하는 것이 여의치 않다면 집에서 홀로 기도해도 된다. 집에서도 얼마든지 영적 골방에 들어가 신실하게 기도할 수만 있다면 그곳이 바로 '거기서'의 기도가 된다. 침대나 소파에 누워서가 아니라, 헝클어진 머리에 잠옷차림이 아니라, 손에 핸드폰이 아닌 성경 말씀을 붙들고, 거룩과 경건의 모습으로 기도할 수 있다면 그곳이 바로 '거기서'이다.

예수님이 기도한 '거기'는 하나님께 기도드린 거룩한 곳이었다. 그러므로 오늘 우리가 기도하는 '거기'도 거룩한 곳이 되어야 한다. 거룩한 곳은 예루살렘도 아니고 사마리아도 아닌 하나님이 계시는 곳이다. 그곳은 우리가 반드시 신을 벗어야 하는 곳이다.

2000년 전 이 땅에 오신 하나님의 아들 예수 그리스도, 성자 하나님도 기도하셨다. 하나님의 뜻을 구하고 그 뜻을 이루어 가기 위해 매일 새벽 미명에 거기서 기도하셨다.

이제 우리 차례이다. 주님의 기도를 본받아 '새벽 아직도 밝기 전에 일어나 나가 한적한 곳으로 가서 거기서 기도'하는 우리 모두가 되어야 한다. 내가 주인 삼은 세상 모든 것 내려놓고 일어나 주님께로 나아가 기도해야 한다. 내 뜻, 내 생각이 아니라 오직 주님의 뜻이 하늘에서 이루어진 것 같이 이 땅에서, 우리의 삶 가운데서 이루어지길 기도해야 한다. 왜냐하면 이 세상을 다스리시는 분은 하나님이기 때문이다.

'나의 기도하는 것보다'

나의 기도 하는 것보다
더욱 응답하실 하나님
나의 생각하는 것보다
더욱 이루시는 하나님

우리 가운데 역사하신
능력대로 우리들의
간구함을 넘치도록
능히 하실 주님께

모든 영광과 존귀 찬양과
경배를 돌릴지어다
모든 영광과 존귀 찬양과
경배를 돌릴지어다

3장

주님의 이름으로 구하면 주님이 행하신다

내가 진실로 진실로 너희에게 이르노니 나를 믿는 자는 내가 하는 일을 그도 할 것이요 또한 그보다 큰 일도 하리니 이는 내가 아버지께로 감이라 너희가 내 이름으로 무엇을 구하든지 내가 행하리니 이는 아버지로 하여금 아들로 말미암아 영광을 받으시게 하려 함이라 내 이름으로 무엇이든지 내게 구하면 내가 행하리라 너희가 나를 사랑하면 나의 계명을 지키리라 (요 14:12-15).

우리 믿는 자들의 신앙 생활에 있어서 가장 중요하고도 필수적인 것은 하나님의 말씀을 읽는 것과 기도하는 것이다. 성도라면 하나님의 말씀을 올바로 읽고 제대로 듣고 그 들은 말씀대로 신실하게 살아가야 한다. 범사에 하나님께 기도함으로 하나님의 뜻을 분별하고 그 인도하심을 받아야 한다. 이는 하나님을 믿는 자라면 당연히 해야 하는 것이다. 다시 말해, 성도라면 마땅히 하루하루를 말씀 보며 기도함으로 시작해야 한다.

그렇다면 우리 믿는 자들이 기도함에 있어 제일 중요한 것은 무엇일까? 이에 대해 자료를 조사하다가 눈에 들어온 익명의 글귀가 있었다.

"기도함에 있어 가장 중요한 것은 하나님께 참된 말을 하는 것이고, 자신의 결함이나 패역한 성품을 하나님께 고하는 것이며, 하나님께 자신을 완전히 털어놓는 것이다." 그리고 그렇게 기도해야 하는 이유에 대해 이렇게 설명하고 있다. **"그래야만 하나님이 너의 기도에 관심을 가질 것이다. 그렇지 않으면, 하나님은 너에게 얼굴을 가릴 것이다."**

기도함에 있어 가장 중요하고도 본질적인 것은 바로 하나님의 응답을 받는 것이다. 하나님의 응답을 받지 못하는 기도는 기도가 아니다. 하나님이 우리의 기도에 관심을 가지시고 응답해 주시는 것, 그리고 그 응답해 주신대로 살아가는 것, 그것이 기도의 본질적인 속성이자 목적이다.

그러하다면 어떤 기도가 응답 받는 기도인가? 어떤 기도가 주님의 음성을 듣는 기도인가? 이에 대해 요 14:12-15에서 주님이 선포하신 말씀으로 그 답을 듣고자 한다. 먼저 주님은 다음과 같이 말씀했다.

"내가 진실로 진실로 너희에게 이르노니 나를 믿는 자는 내가 하는 일을 그도 할 것이요 또한 그보다 큰 일도 하리니 이는 내가 아버지께로 감이라"(요 14:12).

이는 예수님께서 이 세상을 떠나신 후에 예수 믿는 자들이 받을 특권에 대한 약속의 선포이다. 예수님 당시 제자들만이 아니라 오늘날 우리 모두에게도 약속된 특권이다. 그 특권은 다음 두 가지로 요약될 수 있다.

첫 번째 특권은 "나를 믿는 자는 내가 하는 일을 그도 할 것이요."

여기서 '내가 하는 일'이란 예수님께서 공생애 기간 중 행하신 일체의 모든 것들을 의미한다. 그리고 예수님께서 행하신 그 일이 무엇인지에 대해 마 9:35은 다음과 같이 요약 설명하고 있다. "예수께서 모든 도시와 마을에 두루 다니사 그들의 회당에서 가르치시며 천국 복음을 전파하시며 모든 병과 모든 약한 것을 고치시니라."

예수님이 이 땅에 오셔서 행하신 일은 이스라엘의 모든 도시와 마을을 두루 다니시며 복음을 가르치시고, 전파하시고, 그리고 병든 자를 치유하시고 약한 자를 일으켜 세우시는 것이었다. 한마디로 이 땅에 하나님의 나라를 선포하시고 세워 가시는 것이었다.

두 번째 특권은 예수님께서 행하신 일들보다 더 큰 일도 하게 된다는 것이다. "그보다 큰일도 하리니."

여기서 '그보다 큰 일'이란 질적인 면에서의 '큰 것'을 의미하는 것이 아니다. 우리 인간은 본질적으로 예수님이 행하신 것보다 질적으로 더 큰 일을 행할 수가 없다.

그럼 예수님이 행하신 일보다 '더 큰 일'이란 무엇인가? 예수님은 공생애 기간 중 이스라엘을 중심으로 천국 복음을 선포하셨다. 그러나

이제 예수님이 이 세상을 떠나가시면 제자들은 주님의 지상대명령을 받들어 복음을 들고 예루살렘을 넘어 유다와 사마리아와 땅 끝까지 나아가게 될 것이다. 바로 이것이 예수님이 말씀하신 '더 큰 일'이다. 한마디로 '더 큰 일'이란 유대인을 넘어 이방인에게도 복음을 전하는 것을 의미한다. 땅끝까지 온 세상에 하나님의 나라 대사로 복음의 산 증인이 되는 특권을 의미하는 것이 바로 '더 큰 일'이다.

예수님이 이러한 특권의 약속을 제자들에게 주신 것은 자신이 떠난 후 이 세상에 남게 될 제자들이 복음으로 인한 핍박 가운데서도 낙심치 말고 더욱더 하나님께 기도하게 하기 위함이었다. 그래서 예수님은 제자들을 향해 기도 응답의 약속도 선포하셨다. "너희가 내 이름으로 무엇을 구하든지 내가 행하리니 이는 아버지로 하여금 아들로 말미암아 영광을 받으시게 하려 함이라 내 이름으로 무엇이든지 내게 구하면 내가 행하리라"(요 14:13-14).

이는 예수님이 약속하신 특권이 기도를 통하여 이루어질 것을 분명히 보여준다. 다시 말해 예수님은 믿는 성도들이 예수님이 행하신 일, 그리고 그 일보다 더 큰 일을 행함에 있어 자신의 이름으로 무엇이든지 구하면 아버지의 영광을 위하여 그대로 시행하실 것을 약속하셨던 것이다.

이 주님의 약속 가운데 응답 받는 기도의 네 가지 중요한 원리가 들어 있다.

첫 번째 원리: '내 이름으로'

이는 우리의 기도가 '예수님의 이름으로'의 기도가 되어야 함을 가르치고 있다. 그래서 오늘날 믿는 자 모두는 기도할 때마다 '예수님의 이름으로 기도합니다'로 끝맺고 있는 것이다.

그럼 '예수님의 이름으로 기도한다'는 것은 무엇을 의미하는가? 이는 아무런 의미도 없는 일종의 신을 향한 주문이나 주술의 구호가 아니다. '예수님의 이름으로 기도한다'는 것에는 중요한 세 가지의 영적 의미가 담겨있다.

첫째, 예수님은 우리 기도의 중보자이시다(참조: 딤전 2:5).

이는 타락한 인간으로서는 거룩한 하나님 앞에 직접 나아갈 수 없고, 반드시 중보자 예수님을 경유해야 함을 믿음으로 선포하는 것이다. 오직 하나님의 아들 예수 그리스도만이 하나님 아버지께로 나아가는 유일한 길임을 믿음으로 고백하는 것이다.

오늘도 성경은 다음과 같이 분명히 선포하고 있다. "내가 곧 길이요 진리요 생명이니 나로 말미암지 않고는 아버지께로 올 자가 없느니라"(요 14:6); "그러므로 형제들아 우리가 예수의 피를 힘입어 성소에 들어갈 담력을 얻었나니"(히 10:9). 예수님의 이름은 우리가 하나님과 교통할 수 있는 유일한 통로이자 기도 응답 받을 수 있는 유일한 근거이다.

둘째, 예수님의 이름으로 기도한다는 것은 예수님만을 전적으로 의지하며 살아가겠다는 결단의 선포이다. 내 삶의 주권을 예수님께 드리고 세상 방식이 아닌 예수님이 말씀하신대로 살아갈 것을 다짐하는 신앙의 선포이다.

셋째, 이름은 그 사람의 존재 의미를 뜻하며 존재 가치를 드러내는 것이다. 따라서, 예수님의 이름으로 기도한다는 것은 예수님을 닮아가겠다는 의미이며, 예수님의 인격, 성품, 그리고 사명 등에 일치하는 삶을 살겠다는 선언이다.

이 세 가지의 의미를 요약하면, '예수님의 이름으로 기도한다'는 것은 예수님 안에 거하며, 예수님과 동행하며, 예수님처럼 살겠다는 믿음의 선포이다. 이런 자의 기도가 응답 받는 것은 당연한 것이 아닐까?

두 번째 원리: '내가 행하리니'

이는 우리가 예수님의 이름으로 구하는 바를 반드시 시행하겠다는 예수님의 확고한 의지의 표현이자, 동시에 기도 응답에 대한 확증이다. 이러한 예수님의 약속은 실제 역사 가운데 그대로 이루어졌다. 베드로는 예수님의 이름으로 성전 미문에 앉아 있던 앉은뱅이를 일으켜 세웠고(요 3:6-8), 예루살렘 초대 교회 성도들은 예수님의 이름으로 빌기를 다하매 성령 충만함을 받았다(행 4:30-31).

이 대목에서 반드시 짚고 넘어가야 할 것은 기도 응답의 주체이다. 즉, 우리 성도들의 기도에 응답하시는 분은 하나님이 아니신가라는 질문이다. 그럼에도 불구하고, 기도 응답의 주체가 예수님 자신임을 말씀하고 있는 것은("내가 행하리니"), 예수님이 성부 하나님과 동일하신 성자 하나님이심을 증거하고 있는 것이다. 다시 말해, 성자 하나님이신 예수님은 우리 기도의 중보자이시며 동시에 응답자이다.

이를 통해 깨닫게 되는 것, 그것은 바로 예수님이 중보하시면 그 기도는 반드시 응답 받는다는 사실이다. 다시 말해 '예수님의 이름'으로 기도하면 그 기도는 반드시 응답 받게 되어 있다. 그럼 예수님은 어떤 기도에 중보하시며 응답하시는가? 이에 대해 답하는 것이 바로 '무엇을 구하든지'이다.

세 번째 원리: '무엇을 구하든지'

이는 우리가 구하는 것이 무엇이든지, 어떤 것이든지('whatever') 예수님께서 응답해 주실 것을 시사한다. 할렐루야! 우리가 범사에 기도해야 하는 이유가 바로 여기에 있는 것이다.

그럼 우리가 아무 것이나 구해도, 정욕에 쓰려고 세상 것들을 구해도 다 들어 주시는가? 그래서 우리의 기도가 '나의 이름'이 아닌 '예수님의 이름'으로의 기도가 되어야 하는 것이다.

네 번째 원리: '이는 아버지로 하여금 아들로 말미암아 영광을 받으시게하려 함이라'

이는 우리의 기도, 'whatever'의 기도가 나의 영광이 아닌 하나님께 영광이 되어야 함을 일깨워 준다. 우리는 무엇이든지 하나님께 구할수 있다. 그렇지만 응답 받는 기도는 예수님의 이름으로 하나님께 영광 올려드리는 기도이다. 그래서 주님이 가르쳐 주신 기도('주기도문')를 보면 '하늘에 계신 우리 아버지여, 이름이 거룩히 여김을 받으시오며'로 시작하여 '나라와 권세와 영광이 아버지께 영원히 있사옵나이다'로 끝나는 것이다. 기도의 시작도 하나님께 영광, 그 마지막도 하나님께 영광이다. 이런 기도는 반드시 응답 받게 되어 있다.

우리가 이 땅에 태어난 것은 잘 먹고 잘 살기 위한 것이 아니다. 우리 모두는 하나님의 영광을 위하여 창조되었다. "내 이름으로 불려지는 모든 자 곧 내가 내 영광을 위하여 창조한 자를 오게 하라 그를 내가 지었고 그를 내가 만들었느니라"(사 43:7). 그래서 우리의 모든 기도는 하나님의 영광에 그 초점을 맞추어야 한다. 우리의 기도가 응답 받음으로 주어지는 궁극적인 결과의 모습은 하나님께 영광이 되어야 한다.

그럼 우리의 기도가 하나님께 영광이 되기 위해선 어떻게 해야 하는가? 다시 말해 예수님의 이름으로 응답 받는 기도는 어떤 기도인가? 이에 대한 해답이 "너희가 나를 사랑하면 나의 계명을 지키리라"(요 14:15) 말씀 속에 들어 있다. 이는 예수님을 사랑하는 자만이 앞서 살펴 본 예수님께서 약속하신 특권을 누릴 수 있고(하나님 나라가 세워져 감에 쓰임 받을 수 있고), 기도 응답의 약속을 받을 수 있음을 암시한다. 그리고 그러한 자가 누구인가 하면 예수님이 명하신 계명을 지키는 자임을 분명히 밝히고 있다. 다시 말해, 예수님의 계명을 지켜야 예수님이 말씀하신 특권을 누리며 또한 모든 기도에 응답 받을 수 있음을 보여준다. 한마디로, 기도 응답의 관건은 주님의 계명을 지키는 것에 있음을 가르쳐 주고 있다.

주님의 계명을 지키는 것이 기도 응답에 있어 얼마나 중요한 지를 사도요한은 요일 3:24과 요 15:7에서 다음과 같이 강조한다. "그의 계명을 지키는 자는 주 안에 거하고 주는 그의 안에 거하시나니 우리에게 주신 성령으로 말미암아 그가 우리 안에 거하시는 줄을 우리가 아느니라"(요일 3:24); "너희가 내 안에 거하고 내 말이 너희 안에 거하면 무엇이든지 원하는대로 구하라 그리하면 이루리라"(요 15:7).

이는 우리가 주님의 계명을 지킬 때, 우리가 주님 안에 거하고 주님이 우리 안에 거하게 되며, 그때 우리의 기도가 응답 받게 됨을 분명히 보여주고 있다. 다시 말해, 주님이 내 안에 내가 주님 안에 거하게 되면 우리의 기도는 반드시 응답 받게 되어 있다. 왜냐하면 주님과 내가 하나가 되면, 주님의 생각이 내 생각이 되고 주님 뜻이 내 뜻이 되기 때문이다. 이를 앞서 살펴 본 요:13-14 말씀 "예수님의 이름으로 기도"하면 응답 받는다. "내 이름으로 무엇을 구하든지 내가 행하리니"와 연관 지어 생각하면, 우리가 주님 안에 거하는 것, 주님과 하나 되는 것이 바로 주님의 이름으로 기도하는 것임을 알 수 있다.

그럼, 주님이 내 안에 내가 주님 안에 거하기 위해, 즉 주님과 하나 되기 위해 지켜야 할 계명, 기도 응답 받기 위해 지켜야 할 계명은 무엇인가? 이에 대해 사도 요한은 다음과 같이 대답한다. "그의 계명은 이것이니 곧 그 아들 예수 그리스도의 이름을 믿고 그가 우리에게 주신 계명대로 서로 사랑할 것이니라"(요일 3:23). 우리의 기도가 주님과 하나 되어 무엇을 구하든 응답 받는 길은 주님의 계명을 지키는 것이며, 그 계명은 다음 두 가지로 요약된다. 예수 그리스도의 이름을 믿고, 서로 사랑하는 것이다.

첫째 계명은 예수 그리스도의 이름을 믿는 것이다.

지금 당신은 예수님을 믿고 있는가?

복음서를 보면 예수님이 변화산에서 내려오셨을 때, 한 사람이 간질병으로 고통받는 자신의 아이를 데리고 주님 앞에 나아와서 주님께 간구하였다. "무엇을 하실 수 있거든 우리를 불쌍히 여기사 도와주옵소서"(막 9:22). 그러자 주님은 "할 수 있거든이 무슨 말이냐 믿는 자에게는 능히 하지 못할 일이 없느니라"(막 9:23) 라고 선포하시며 질책하셨다.

이에 그 아이의 아버지는 다음과 같이 고백하였다. "내가 믿나이다 나의믿음 없는 것을 도와 주소서"(막 9:24).

'믿습니다' 그런데 '믿음 없음을 도와 주소서' 이해가 되는가? 참으로 앞뒤 논리가 충돌되는 말이 아닌가? 안타깝게도 이것이 오늘 대부분의 성도들이 보여주는 믿음의 모습이다. 지금 당신이 믿고 있는 예수님이 하나님의 아들 메시아, 온 우주만물을 창조하시고 다스리고 계시는 만왕의 왕, 만주의 주이심을 믿고 있는가? 정말로 믿는다면 왜 걱정하는가? 왜 염려하는가? 무엇 때문에 그리도 불안해 하며 두려워 하는가?

믿음은 개념이 아니다. 교리나 관념도 아니며, 마음의 확신도 아니다. 믿음은 삶으로 행동으로 보여주는 것이다. 그 어떤 시련과 고난 앞에서도, 심지어 죽음 앞에서도 담대함으로 주님께 나아가는 것, 그것이 바로 믿음이다. 우리 인생의 모든 것, 생사화복은 물론 인생의 모든 주권을 주님께 맡기고 신뢰하는 것이 믿음이다. 그런 믿음으로 나아갈 때 예수님의 이름으로 구하는 모든 것이 응답 받게 되는 것이다.

주님은 오늘도 우리의 모든 기도를 듣고 계신다("내가 네 기도를 들었고 네 눈물을 보았노라" 왕하20:5). 문제는 우리의 믿음이다. 단지 '믿습니다'를 입술로만 간절히 외친다고 해서 기도가 응답 받는 것은 아니다. 열심히 믿느냐 보다 중요한 것이 바른 믿음이다. 입으로는 주님을 믿는다 하면서 삶으로는 그 믿음대로 살지 못하는 모습 속에는 '무엇을 구하든지' 응답 받을 수 없다.

둘째 계명은 주님이 우리에게 주신 계명대로 서로 사랑하는 것이다.

지금 당신은 서로 사랑하고 있는가? 형제를 사랑하고 이웃을 사랑하고 있는가? 그렇다면 그 사랑은 어떤 사랑인가? 'Give and Take'의 받은 만큼 돌려주는 사랑인가? 계산적인 사랑, 말로만 하는 사랑인가?

주님은 오늘도 우리 모두에게 다음과 같이 명하고 계신다. "서로 사랑하라 내가 너희를 사랑한 것 같이 너희도 서로 사랑하라"(요 13:34). 이 주님의 계명대로 서로 사랑할 때, 주님이 우리를 사랑해 주신 것처럼 십자가의 사랑으로 형제와 이웃을 사랑할 때 놀라운 경험을 하게 된다. 어떤 경험? 이에 대해 사도 요한은 하나님의 사랑을 실천하는 자는 하나님의 임재를 체험하는 삶을 살 수 있음을 역설한다. "하나님은 사랑이시라 사랑 안에 거하는 자는 하나님 안에 거하고 하나님도 그의 안에 거하시느니라"(요일 4:16).

서로 사랑하는 자는 '하나님 안에 거하고 하나님도 그의 안에 거하는' 축복, 신과 인간이 하나되는 '정말 말도 안 되는' 축복을 누리게 됨을 오늘도 성경은 분명히 선포하고 있다.

오늘 당신의 기도가 하나님의 응답을 받길 소망하는가? 기도를 통하여 주님의 음성을 듣기를 원하는가? 잊지 말라, 기도 응답의 출발점은 주님의 계명을 지키는 것이다. 예수님을 올바로 제대로 삶으로 믿고, 그리고 주님이 명하신대로 서로 사랑함으로 기도 응답의 길은 시작된다. 주님의 계명을 지키며 예수님의 이름으로 기도할 때, 그 기도는 반드시 응답 받게 되며, 하나님께 영광을 올려드리게 될 것이다.

'마음 속에 근심있는 사람'

마음 속에 근심있는 사람 주 예수 앞에 다 아뢰어라
슬픈 마음 있을 때에라도 주 예수께 아뢰라
주 예수 앞에 다 아뢰어라 주 우리의 친구니
무엇이나 근심하지 말고 주 예수께 아뢰라

눈물 나며 깊은 한숨 쉴 때 주 예수 앞에 다 아뢰어라
은밀한 죄 네게 있더라도 주 예수께 아뢰라
주 예수 앞에 다 아뢰어라 주 우리의 친구니
무엇이나 근심하지 말고 주 예수께 아뢰라

괴로움과 두렴있을 때에 주 예수 앞에 다 아뢰어라
내일 일을 염려하지 말고 주 예수께 아뢰라
주 예수 앞에 다 아뢰어라 주 우리의 친구니
무엇이나 근심하지 말고 주 예수께 아뢰라

죽음 앞에 겁을 내는 자여 주 예수 앞에 다 아뢰어라
하늘 나라 바라보는 자여 주 예수께 아뢰라
주 예수 앞에 다 아뢰어라 주 우리의 친구니
무엇이나 근심하지 말고 주 예수께 아뢰라

4장

기도의 응답은
평화이다

구하라 그리하면 너희에게 주실 것이요 찾으라 그리하면 찾아낼 것이요 문을 두드리라 그리하면 너희에게 열릴 것이니, 구하는 이마다 받을 것이요 찾는 이는 찾아낼 것이요 두드리는 이에게는 열릴 것이니라. 너희 중에 누가 아들이 떡을 달라 하는데 돌을 주며, 생선을 달라 하는데 뱀을 줄 사람이 있겠느냐. 너희가 악한 자라도 좋은 것으로 자식에게 줄 줄 알거든 하물며 하늘에 계신 너희 아버지께서 구하는 자에게 좋은 것으로 주시지 않겠느냐 (마 7:7-11).

당신은 기도하면 어떤 사람의 이름이 떠오르는가?

제일 먼저 5만 번 이상 기도 응답 받은 조지 뮬러 목사님은 "**나는 기도의 영 안에 삽니다. 나는 걸어 다닐 때, 누울 때, 일어날 때 기도합니다. 그리고 응답은 언제나 오고 있습니다**"라고 고백하였다. 그리고 남아프리카 부흥 운동의 주역이었던 앤드류 머레이 목사님은 기도의 중요성에 대해 "하나님의 자녀는 기도로 모든 것을 정복할 수 있습니다"라고 말하였다.

그리고 또 한 분 4세기 기독교 교부였던 크리소스톰은 기도를 이렇게 정의하였다. "기도는 만능의 갑옷이다." 그러면서 "기도는 분노하는 사자의 입에 재갈을 물리고 난세를 정복시켜 고요하게 하고, 전쟁을 종결시키며, 폭풍우를 달래고, 마귀를 내어 쫓으며, 사망의 결박을 풀고, 질병을 완쾌시키고, 협잡꾼을 내쫓고, 도시들을 파멸에서 구출하며, 태양을 멈추게 하고, 천둥의 진행을 막는다"고 하였다.

이는 한마디로 기도에 능력이 있음을 말해주는 것이다. 이 고백 앞에 믿음으로 '아멘' 하면서도 마음 한 구석에서 들려오는 소리가 있다. 그것은 바로 '나의 기도는 어떠한가?', '기도의 능력이 있는가?', '어떻게 해야 능력 있는 기도, 응답 받는 기도를 할 수 있을까?' 이에 대해 주님이 답을 주고 계신다. "구하라 그리하면 너희에게 주실 것이요 찾으라 그리하면 찾아낼 것이요 문을 두드리라 그리하면 너희에게 열릴 것이니"(마 7:7).

앞장에서는 예수님을 올바로 믿고, 서로 사랑함으로 기도 응답을 받을 수 있음을 살펴 보았다. 즉, 기도의 응답이 임하는 신앙의 모습에 대한 성경적 답을 구하였다. 이제 본 장에서는 어떻게 기도해야 응답 받는지, 즉 기도에 임하는 자세 또는 태도에 대해 예수님이 가르쳐 준 그 답을 제시하려 한다.

'구하라, 찾으라, 두드리라' 이는 우리의 기도가 하나님의 응답을 받기 위해서는 구하고, 찾고, 두드려야 함을 가르쳐 준다. 다시 말해,

이 세 가지 조건을 다 갖추어야 기도가 응답 받을 수 있음을 교훈한다.

먼저 '구하라'는 것은 자신의 부족함, 연약함, 모자람을 인식하고 그것을 하나님께서 채워 주시도록 간구하는 것을 의미한다. 그리고 그 간구함에는 하나님 앞에서의 겸손과 믿음이 전제되어야 함을 암시하고 있다. 왜냐하면 겸손과 믿음이 없이는 하나님께 구할 수 없기 때문이다.

다음으로 '찾으라'는 것은 구하는 것을 얻기 위해 구체적으로 행동에 옮겨야 함을 의미한다. 진정한 기도는 하나님께 호소하는 것으로 그치지 않고, 그 구한 것을 이루기 위해 할 수 있는 최선의 노력을 다하는 것이다. 이것이 바로 찾는 단계이다. 능력 있는 기도는 단순히 입으로만 하는 것이 아니다. 행동으로 이어지는 발품 파는 기도이다.

마지막으로 '두드리라'는 것은 구하고 찾는 것이 이루어지기까지 믿음으로 소망하며, 끝까지 인내하는 것을 의미한다. "많은 기도들이 응답받지 못하는 것은 우리가 너무 빨리 포기하기 때문이다"(조이 도우슨).

기도의 능력은 구하는 것만으로는 안 된다. 찾는 것만 가지고도 안 된다. 찾았으면 열어야 한다. 닫힌 문을 두드려 열어야 한다. 그러기 위해서는 포기하지 않는 인내가 필요하다. 이는 마치 야곱이 얍복 강가에서 하나님의 천사와 씨름할 때 자신의 소원을 들어 줄 때까지 천사를 끝까지 잡고 놓아 주지 아니한 것과 같은 것이다.

이 세 가지의 기도 모습을 한마디로 요약하면 기도는 신앙적 의지가 요구되는 영적 인내이자 신앙의 끈기임을 보여준다. 어제도 오늘도 내일도 항상 구하고 계속 찾고 쉬지 말고 두드려야 한다. 언제까지? 주실 때까지. '그리하면 주실 것이요, 찾아낼 것이요, 문이 열릴 것이다' 아멘!

당신의 아멘 소리가 작으니까 주님은 한 번 더 강조하신다. "구하는 이마다 받을 것이요 찾는 이는 찾아낼 것이요 두드리는 이에게는 열릴 것이니라"(마 7:8).

그럼 구하고 찾고 두드림으로 받게 되는 것은 무엇인가? 기도의 응답은 무엇인가? 이에 대해 마 7:11은 다음과 같이 대답한다. "너희가 악한 자라도 좋은 것으로 자식에게 줄 줄 알거든 하물며 하늘에 계신 너희 아버지께서 구하는 자에게 좋은 것으로 주시지 않겠느냐"(마 7:11).

이 말씀 속에 기도의 중요한 두가지 원리가 들어 있다.

첫 번째 원리, 기도는 '하늘에 계신 '아버지'께 드리는 것이다.

하나님을 모르는 사람도 기도하고 간구한다. 종교가 있건 없건 인생의 시련과 위기가 닥쳐오면 사람들은 본능적으로 기도한다. 그런데 문제는 그들이 하는 기도의 대상이 잘못되었다는 사실이다.

먼저 주목할 것은 우리가 기도 드리는 대상이 '하늘에 계신 하나님 이시다'라는 사실이다. 하나님은 온 우주만물의 창조주, 주권자, 통치자이시며, 모든 것을 알고 계신 '전지'하신 하나님이시다. 바로 이 '하늘에 계신' 분이 우리의 기도를 듣고 응답하신다. 이 진리가 믿음으로 우리의 기도에 녹아 있어야 한다. 마틴 루터의 고백처럼 '하나님이 하나님 되게 하는 기도'만이 응답 받을 수 있다. 금송아지를 백 번 천 번 하나님이라 불러 봐도 그 어떤 기도에도 응답 받을 수 없다.

다음으로 주목하는 것은 하늘에 계신 분이 바로 '너희 아버지'라는 사실이다. 이는 기도가 한두 사람 개인의 영적 의무가 아닌 교회 공동체를 향한 명령이자 영적 책임임을 암시한다(참고로 '주기도문'에서도 기도의 대상이 '하늘에 계신 우리 아버지'이시다). 그래서 온 성도가 깨어 기도해야 하는 것이다. 하나님을 아버지라 고백하는 모든 성도들은 하루의 시작을 하나님께 새벽 제단을 쌓는 것으로 해야 한다.

두 번째 원리, 하나님 아버지는 '구하는 자에게 좋은 것'으로 주신다.

기도는 구해야 하는 것임을 다시 한번 교훈한다. '하나님은 다 아시겠지', '알아서 해 주시겠지'가 아니라 기도 제목 하나하나 진솔하게 정직하게 하나님께 말씀드리는 것, 그것이 기도의 올바른 자세이다. 그리고 그 구함의 응답은 내가 기대하고 원하는 것이 아니라 '좋은 것,' 하나님 보시기에 좋은 것이다.

그런데 오늘날 우리의 기도를 보면 솔직히 이와 반대이다. 하나님이 주시는 좋은 것을 원하는 것이 아니라, 내가 원하는 것을 받기를 원한다. 대부분의 경우, 기도가 하나님께 올려드리는 청구서로 전락하였다. 주님이 가르쳐 주신 '주기도문'에서 기도가 빠진 '주문'만 남았음을 부인할 수 없다.

그럼 하나님께서 기도의 응답으로 주시는 '좋은 것'이란 무엇인가? 이에 대한 답이 마 7:11의 병행구절인 눅 11:13에 제시되어 있다. "너희가 악할지라도 너희 자녀에게 좋은 것을 줄 줄 알거든 하물며 하늘에 계신 너희 아버지께서 구하는 사람에게 성령을 주시지 않겠느냐." 기도의 응답은 '하나님이 주시는 좋은 것이며, 그 좋은 것은 바로 '성령'임을 성경은 분명히 선포하고 있다. 한마디로, 기도의 응답은 성령이다. 이 부분에서 우리가 반드시 짚고 넘어가야 할 것은 구원 받은 성도 모두는 이미 성령을 받았다(성령의 내주)라는 점이다.

그렇다면 어떤 기도이기에 그 응답이 성령인가? 혹시 아직 성령을 받지 못한 초신자의 기도인가? 아니면 목숨 건 선교(북한, 이슬람 국가)를 위한 기도인가? 그 기도는 마 7:9-10(참조: 눅 11:11-12)을 보면 '떡과 생선'을 구하는 기도이다. 즉 일상(삶)의 기도, '주시옵소서'의 기도에 대한 응답이 바로 성령임을 성경은 분명히 밝히고 있다.

그렇다면 '떡과 생선'을 구하는 일상의 기도에 대한 응답이 성령이란 무슨 의미인가? 이에 대한 해답의 실마리도 성경 속에 있다. 사실,

신앙의 문제만이 아니라 인생사의 모든 문제의 답은 모두 다 성경 속에 있다. 그런데 문제는 우리가 성경을 모른다는 데에 있다.

요 20:21-22을 보면 주님은 '성령 받음'에 대해 다음과 같이 말씀하셨다. "예수께서 또 이르시되 너희에게 평강이 있을지어다 아버지께서 나를 보내신 것 같이 나도 너희를 보내노라. 이 말씀을 하시고 그들을 향하사 숨을 내쉬며 이르시되 성령을 받으라." 주님은 먼저 "너희에게 평강이 있을지어다"라고 선포하신 후에 "성령을 받으라"고 말씀하셨다. 이는 성령을 먼저 받아야 평화(샬롬)가 임하게 됨을 보여준다. '성령을 받으면 평화가 임한다.' 이로 볼 때, 기도의 응답이 성령이라는 것은 곧 평화가 임하는 것임을 알 수 있다. 다시 말해, 평화가 바로 하나님 아버지께서 주시는 좋은 것이며, 우리 기도의 궁극적인 응답인 것이다.

이를 확증하는 것이 빌 4:6-7 말씀이다. "아무 것도 염려하지 말고 다만 모든 일에 기도와 간구로, 너희 구할 것을 감사함으로 하나님께 아뢰라, 그리하면 모든 지각에 뛰어난 하나님의 평강이 그리스도 예수 안에서 너희 마음과 생각을 지키시리라." 모든 기도와 간구의 응답은 하나님의 평강('샬롬')이다. 그리고 하나님의 평강을 받기 위해선 기도함에 두 가지 전제 조건이 필요함을 사도 바울은 역설하고 있다.

첫 번째 전제 조건, "아무 것도 염려하지 말고"

여기서 '염려'로 번역된 원어는 일반적 의미인 '걱정으로 사로잡혀 있는 상태'를 의미하는 것이 아니라 '마음이 하나님과 세상을 향해 나누어진 상태'를 의미한다. 우리의 마음이 온전히 하나님을 향하지 못하고 세상을 바라볼 때, 특히 세상의 풍랑과 파도를 바라볼 때, 그 때 우리의 마음에 이 모양 저 모양의 근심, 불안, 걱정 등이 들어오게 되어 있다.

감리교 설립자인 존 웨슬리 목사님이 사역 초기에 미국에 단기 선교 (2년) 갔다가 영국으로 돌아오는 중에 큰 풍랑을 만났다. 배가 심하게 요동치며 전복될 위험에 처하게 되자 배에 탔던 사람들은 모두다 죽는 줄 알고 두려워 떨고 있었다. 웨슬리 목사님도 겁에 질려 어찌할 바를 모르고 있을 때, 그때 그의 눈에 들어온 한 무리의 사람들이 있었다. 그들은 그렇게 위험한 상황 속에서도 조금도 두려운 기색 없이 평화롭게 찬송을 부르고 있는 모라비안 선교사들이었다.

풍랑이 지나가고 바다가 잔잔해지자 웨슬리 목사님은 모라비안 선교사들에게 다가가 질문했다. "어떻게 그렇게 평온하게 찬양을 부를 수 있었습니까?" 이에 대해 그들은 "우리는 예수님을 믿는 사람들입니다. 예수님께 우리의 생명을 다 맡겼는데 무엇이 두렵겠습니까?" 이처럼 주님을 전적으로 신뢰하는 자에게는 아무런 염려, 불안, 걱정, 근심이 없다.

두 번째 전제 조건, "너희 구할 것을 감사함으로 하나님께 아뢰라"

이는 하나님께서 이미 해 주신 것과 앞으로 해 주실 것에 대한 약속을 기억하며, 감사함으로 기도하라는 말씀이다. 한마디로 감사는 기도의 필수 선행 조건이다. 주님도 죽은 나사로를 살리기 전에 하나님께 먼저 감사하셨으며(요 11:41), 오병이어의 기적을 이루기 전에도 하나님께 먼저 감사를 올려드리셨다(마 14:19). 죽은 나사로가 다시 살아난 후에 감사한 것이 아니라, 오병이어로 남자만 5천 명을 먹인 후에 감사한 것이 아니라, 그전에 하나님께서 자신이 간구한 것을 이루실 것을 믿고 먼저 감사를 선포하셨던 것이다.

참된 감사는 나의 유익과 만족이 아닌 하나님의 나라와 의를 구하는 감사이다. 하나님의 존귀하신 이름 높이며 영광 올리는 감사이다. 그리고 이미 일어난 결과를 향한 감사가 아니라 그 결과를 향해 믿음으로 나아가며 큰소리로 선포하는 '선불 감사'이다. 바로 이런 '선불 감사'로 하나님께 아뢰면 모든 지각에 뛰어난 하나님의 평강이 임하게 된다. 그래서 골 4:2은 오늘도 우리를 향해 "기도에 감사함으로 깨어 있으라"고 권면하고 있다.

기억하라, '염려하는 것'과 '아뢰는 것'의 결정적 차이는 우리의 마음속에 무엇이 자리 잡고 있느냐의 문제이다. 우리 마음에 전능하신 하나님이 계시다면 아무것도 염려하지 않고 감사함으로 하나님께 아뢸 수 있다. 그리하면 하나님의 평화가 우리의 마음과 생각을 지켜 줄 것이다.

그럼 하나님이 기도의 응답으로 주시는 평화(샬롬)는 무엇인가?

오래 전 어느 미술대학에서 평화를 주제로 한 졸업 작품 전시회가 열렸다. 그 전시된 작품 중에서 특별히 관객들의 시선을 끄는 두 개의 작품이 있었다.

하나는 산골짝의 호수를 그린 그림으로, 아름답고 푸르른 산이 둘려 있고, 그 가운데는 잔잔한 호수가 있으며, 그 호수 위에는 사람들이 배를 타고 한가롭게 낚시질을 하고 있다. 그리고 호수 옆에는 푸른 초장이 펼쳐져 있고, 그 초장 위에는 소, 양, 염소 등 가축들이 자유롭게 돌아다니며 풀을 뜯어 먹고 있다. 모든 것이 따스한 봄날처럼 여유롭고 평화스러워 보이는 작품이다.

또 다른 그림은 바다 옆 높은 절벽을 그린 작품으로, 바람이 거세게 불고 높은 파도가 밀려와 그 절벽에 부딪치고는 다시 바다로 거품을 뿜으면서 흘러가기를 반복한다. 절벽의 나무들은 거센 풍파에 이리저리 휘어지고 떨어져 나간 나뭇잎들은 바람에 날려 공중으로 흩어진다. 그런 절벽 사이에 한 구멍이 있다. 그 구멍 안을 들여다보니 그 속에 갈매기가 둥지를 틀고 있고, 그 둥지 안에는 태어난 지 며칠 안 된 갈매기 새끼들이 고요히 눈을 감고 낮잠을 자고 있다.

어느 그림이 대상을 받았을까?

참된 평화는 하나님의 둥지 안에 거하는 것이다. 그 어떤 상황 속에서도 하나님의 품 안에 거하는 것이 평화이다. 이를 뒷받침하는 것이 '평화'로 번역되는 히브리어 원어 '샬롬'이다. 그 원어적 의미를 살펴보면 '완전하다, 온전하다'라는 뜻 외에 '제자리에 놓인다'라는 뜻도 있다. 이는 평화를 누리기 위해서 우리가 있어야 할 곳인 하나님 품 안에 있어야 하며, 특히 하나님과 나의 관계가 '제자리에 놓이는 것'이 필수적임을 시사한다. 그래서 참된 평화의 본질은 크게 두 가지로 '하나님의 임재'와 '하나님과의 관계 회복'이다.

먼저 살펴볼 것은 '하나님의 임재'이다.

하나님의 임재가 평화의 본질임을 선지자 에스겔은 다음과 같이 설명한다. "내가 그들과 화평의 언약을 세워서 영원한 언약이 되게 하고 또 그들을 견고하고 번성하게 하며 내 성소를 그 가운데에 세워서 영원히 이르게 하리니, 내 처소가 그들 가운데에 있을 것이며 나는 그들의 하나님이 되고 그들은 내 백성이 되리라"(겔 37:26-27).

하나님이 언약하신 평화는 하나님이 그의 백성들 안에 성소와 처소를 세워 영원토록 거하시는 것, 즉 임마누엘의 임재이다. 여기서 '내 성소'는 하나님의 성전을 의미하며, '내 처소'는 하나님이 거하시는 곳을 의미한다. 따라서, 하나님의 성소가 우리 인생 가운데 영원히 세워져 우리가 하나님의 성전이 되는 삶, 즉, 날마다 하나님을 예배하는 삶이 평화를 누리는 삶인 것이다. 그리고 또한 하나님이 거하시는 처소가 우리 안에 있어 하나님이 우리 인생을 다스리시고 보호하시는 삶, 즉, 하나님이 우리 인생의 주권자로 좌정하시는 삶이 평화를 누리는 삶인 것이다.

이러한 평화를 누리고 있느냐는 보통 때에는 모른다. 여유롭고 평화스러운 초장에서는 모른다. 그러나 시련과 고난 앞에 설 때, 절망과 죽음 앞에 서게 되면 그때 알 수 있게 된다. 거친 파도가 일고 사나운 풍랑이 몰아치는 절벽 앞에 서게 될 때 그때 알게 된다.

사도행전을 보면 초대 교회 스데반 집사님이 돌에 맞아 순교하신 사건이 기록되어 있다. 스데반 집사님이 돌에 맞아 순교하실 때 어떤 모습이었을까? 죽음의 두려움? 공포의 절망? 아니면 분노의 절규? 사도행전은 '그의 얼굴이 천사의 얼굴 같이 빛났더라'(행 6:15), 그리고 '하늘에 계신 주를 바라보며 감격하였다'(행 7:55-56)라고 기록하고 있다.

어떻게 그런 일이 가능할까? 그 이유는 바로 죽음 가운데에서도 함께하시는 주님을 바라보았기 때문이다. 죽음 앞에서도 주님의 임재 안에 거하였기 때문에 평화로운 죽음을 맞이할 수 있었던 것이다.

다음으로 평화의 본질은 하나님과의 관계 회복이다.

"나는 그들의 하나님이 되고 그들은 내 백성이 되리라"(겔 37:27). 이는 하나님의 임재는 반드시 하나님과의 관계 회복으로 이어지게 됨을 암시한다. 그럼 어떻게 하나님과의 관계가 회복되는가? 이에 대해 선지자 이사야는 다음과 같이 답하고 있다. "그가 찔림은 우리의 허물 때문이요 그가 상함은 우리의 죄악 때문이라 그가 징계를 받으므로 우리는 평화를 누리고 그가 채찍에 맞으므로 우리는 나음을 받았도다"(사 53:5).

이는 장차 오실 그리스도의 고난과 죽음으로 인해 우리의 모든 죄가 용서받을 뿐만 아니라 우리 안에 하나님의 평화가 임하여 온전한 회복(나음)으로 나아가게 됨을 선지자 이사야가 예언한 것이다. 이 예언이 성취된 곳이 바로 예수님의 십자가이다. 예수님이 십자가에서 흘리신 대속의 피로 하나님이 약속하신 평화가 이루어졌고, 그 평화는 우리의 나음(영적 회복), 즉 하나님과의 관계가 온전히 회복되는 화목으로 이어졌다.

관계가 좋지 않은 사람과 함께 있으면 하루 종일 불편하고 껄끄럽고 아무 일도 제대로 할 수 없다. 그러나 그 관계가 회복되면 십 년 묵은 체증이 내려간 것 같은 시원함의 평안을 느낄 수 있다. 하나님과의 관계도 마찬가지이다. 이를 확증하는 것이 골 1:20 말씀이다. "그의 십자가의 피로 화평을 이루사 만물 곧 땅에 있는 것들이나 하늘에 있는 것들이 그로 말미암아 자기와 화목하게 되기를 기뻐하심이라."

그럼 하나님과의 관계가 회복된 관계란 무엇을 말하는 것인가? 평화를 누리는 관계란 무엇인가? 이에 대해 롬 8:15은 다음과 같이 선포한다.

"너희는 다시 무서워하는 종의 영을 받지 아니하고 양자의 영을 받았으므로 우리가 아빠 아버지라고 부르짖느니라." 죄로 인하여 하나님과 원수 되었던 우리가 예수님의 십자가 대속의 은혜로 하나님을 '아빠 아버지'라 부를 수 있는 관계가 되었다. 바로 이 관계가 평화를 누리는 관계의 본질이다.

이를 보다 자세하게 살펴보면, 먼저 '아빠'는 친밀한 관계를 의미한다. 하나님께 응석부리고 투정 부릴 수 있는 관계이다. '싫으면 싫다', '좋으면 좋다'라고 모든 것을 있는 대로 다 말할 수 있는 관계이다. 이 부분이 매우 중요하다. 왜냐하면 마음 속에 있는 모든 것을 다 토해내야 참 평강이 오기 때문이다.

십자가를 지시기 전 주님도 겟세마네 동산에서 기도하실 때 그 마음속에 있는 모든 것을 토해 내셨다. 심지어, 가능하다면 십자가를 지지 않게 해달라고 하나님께 기도 드리셨다. "아빠 아버지여 아버지께는 모든 것이 가능하오니 이 잔을 내게서 옮기시옵소서 그러나 나의 원대로 마시옵고 아버지의 원대로 하옵소서"(막 14:36).

어떻게 그런 기도를 드릴 수 있었는가? 하나님은 모든 것을 다 알고 계시는 전지하신 하나님이시기에 그 마음 속에 감춤 없이 있는 그대로 다 쏟아 낼 수 있었던 것이다. 그리고 쏟아 낼 수 있는 원동력은 바로 하나님과의 아빠 관계이다. 주님도 하나님을 아빠('아빠 아버지여')라 부르며 기도하셨다. 그래서 마음 속에 있는 것을 있는 그대로 솔직하게 모두 다 하나님 앞에 쏟아 낼 수 있었던 것이다.

다음으로 '아버지'는 경외하는 관계를 의미한다. 하나님을 두려움과 떨림으로 공경하며 섬기는 관계이다. 바로 이 경외함이 중심 잡힌 평강, 흔들림 없는 평안을 누리게 한다. 십자가를 옮겨달라는 주님의 기도는 결국 "나의 원대로 마시옵고 아버지의 원대로 하옵소서"로 종결되었다. 그후 주님은 흔들림 없이 십자가를 향해 담대하게 나아가셨다. '나의 마음이 심히 고민하여 죽게 되었다'(막 14:34)라고 말씀하셨던 주님은 겟세마네 기도를 마치신 후에 잠자던 제자들을 깨우시고 '때가 되었다 일어나 함께 가자'(막 14:41-42)고 선포하셨다.

하나님과의 '아빠 관계'는 '나의 뜻'을 있는 그대로 솔직하게 다 간구하게 한다. 그러나 하나님과의 '아버지 관계'는 나의 뜻을 내려 놓고 하나님의 뜻을 좇아가게 한다.

지금 당신은 하나님이 나의 '아빠 아버지' 되시는 그 평강의 축복을 누리고 있는가? 오늘도 사도 바울은 다음과 같이 권면한다. "아무 것도 염려하지 말고 다만 모든 일에 기도와 간구로, 너희 구할 것을 감사함으로 하나님께 아뢰라, 그리하면 모든 지각에 뛰어난 하나님의 평강이 그리스도 예수 안에서 너희 마음과 생각을 지키시리라"(빌 4:6-7).

'나의 간절한 기대 소망을 따라'

나의 간절한 기대 소망을 따라
아무 일도 부끄럽지 않고
전과 같이 이제도 담대히 주를
내 몸에서 확대하-기를
살든지 죽든지 그리스도를
확대하기 원하네
내게 사는 것 그리스도
죽음도 유익함이라

그리스도 예수의 마음 품으라
그는 하나님의 본체시나
자기를 비워 종의 형체를 가져
죽기까지 복종하-셨네
사람의 모양으로 나타나사
자기를 낮추셨네
하나-님 그를 높이사
뛰어난 이름 주셨네

그리스도 예수께 잡힌바 된 것
그것을 잡으러 좇아가네
아직 내가 잡은 줄 여기지 않고
오직 뒤에 있는 것은 잊고
앞에 있는 푯대 향해 달리네
하나님 부르신 상
그리스도 예수 안에서
위로부터 날 부른 상

아무 것도 염려하지 말고 오직
모든 일에 기도와 간구로
너희 구할 것 하나님께 아뢰라
모든 일에 감사함-으로
모든 지각 위에 뛰어난 평강
하나님의 평강이
그리스도 예수 안에서
너희를 지키시리라

Part 2
사도 바울의 기도

'하루 두 시간 기도하지 않으면
그 날은 사탄이 이긴다.
나는 너무 할 일이 많기 때문에
세 시간 기도해야 한다'

〈마틴 루터〉

이 세상에서 가장 아름다운 모습은
기도하는 모습이다

〈저녁 기도〉

아나 앙케르, 1888년, 덴마크 스카겐 박물관

1장

믿음의 역사,
사랑의 수고,
소망의 인내

우리가 너희 모두로 말미암아 항상 하나님께 감사하며 기도할 때에 너희를 기억함은, 너희의 믿음의 역사와 사랑의 수고와 우리 주 예수 그리스도에 대한 소망의 인내를 우리 하나님 아버지 앞에서 끊임없이 기억함이니, 하나님의 사랑하심을 받은 형제들아 너희를 택하심을 아노라 (살전 1:2-4).

이번 장부터는 성경 속에 기록된 사도 바울의 기도, 특히 교회를 향한 기도를 살펴 봄으로 주님의 양으로 주님의 음성을 듣는 삶은 어떤 삶이 되어야 하는지에 대해 가르침과 교훈을 받고자 한다.

그럼 왜 사도 바울의 기도인가?

사도 바울은 주님을 인격적으로 만나 일평생 주님과 동행한 사람이다. 24시간 365일 주님의 음성을 듣고자 노력하며 주님의 뜻을 이루어간 사람이다. 특히 주님의 부르심에 따라 교회를 세운 사람이며,

교회가 주님의 교회로 올바로 세워져 가길 기도하며 양육했던 사람이고, 성도들이 주님 안에 거하며 주님과 친밀한 인격적 교제로 나아가길 소망했던 사람이다.

이런 바울의 기도를 통하여 오늘 우리가 믿는 신앙인으로서 어떻게 살아가야 하는지에 대해 그 방향성을 배울 수 있다. 특히 어떻게 해야 사도 바울처럼 주님과 소통하며 주님의 음성을 듣는 삶을 살 수 있는지에 대한 그 해답을 들을 수 있다.

사도 바울의 서신서 중 먼저 데살로니가 교회 성도들을 위해 중보한 간구의 내용을 살펴 보려한다. 특히 앞서 살펴 본 예수님의 기도의 모습과 응답 받는 기도의 원리가 실제 어떻게 적용되고 있는지를 고찰함으로 오늘 우리의 기도에 영적 도움을 얻고자 한다.

데살로니가 교회를 향한 사도 바울의 기도는 이렇게 시작한다. "우리가 너희 모두로 말미암아 항상 하나님께 감사하며 기도할 때에 너희를 기억함은"(살전 1:2).

사도 바울은 데살로니가 성도들이 약 3주간의 짧은 가르침을 받았음에도 불구하고(행 17:2-4), 그들의 신앙이 견고하게 세워져 가고 있음에 하나님께 감사하였다. 복음을 받아들인 지 얼마 되지 않은 성도들이 '믿음의 역사'와 '사랑의 수고', 그리고 '소망의 인내'라는 신앙의 덕목들을 견지하고 있었으니, 그들에게 복음을 전한 자로서 사도 바울이 어찌 하나님께 감사하지 않을 수 있었겠는가?

바로 이 부분에서 주목해야 할 것은 데살로니가 교회를 향한 사도 바울의 기도가 있었다는 점이다. 비록 몸은 떨어져 있었지만 데살로니가 교회를 향한 사도 바울의 기도는 쉬지 않았다. '항상 하나님께 감사 드리며 기도' 하였기에 세워진 지 얼마 되지 않은 교회가 복음 위에 올바로 성장해 갈 수 있었던 것이다.

여기서 '기도한다'로 번역된 원어는 '제단 앞으로 나아가다', '간청하다', '예배를 드리다'라는 의미를 가지고 있다. 특히 '제단 앞으로 나아간다'는 것은 곧 '하나님 앞으로 나아간다'는 의미로 하나님께 예배자로 나아가 간구를 드리는 것, 그것이 바로 기도임을 보여준다. 즉 기도는 하나님만을 섬기며 예배하는 자에게 주어지는 특권이요 축복인 것이다.

하나님 앞으로 나아가 데살로니가 교회를 위해 중보 간구한 사도 바울의 기도를 통해 주목하는 첫 번째는 '기도는 항상 하는 것이다'라는 사실이다.

기도는 주님이 말씀하셨듯이 항상 구하고, 항상 찾고, 항상 두드리는 것이다('구하라, 찾으라, 두드리라'). 다시 말해, 기도의 시제는 항상 현재형(늘 현재)이다. 어제도 오늘도 지금 현재도 기도해야 한다. 주님의 기도처럼 습관을 좇아 '전에 하던대로'의 기도가 되어야 한다. 그래서 성경은 쉬지 말고 기도하라고 촉구하며, 성령 안에서 무시로 기도할 것을 권면하고 있다. "모든 기도와 간구를 하되 항상 성령 안에서 기도하고 이를 위하여 깨어 구하기를 항상 힘쓰며 여러 성도를 위하여 구하라"(엡 6:18).

"기도할 수 있을 때까지 기도하라.
 기도할 수 있도록 도와달라고 기도하고,
 기도할 수 없다고 기도를 포기하지 말라.
 기도할 수 없다고 생각할 때 이미 당신은 기도하고 있는 것이다"

(찰스 스펄전)

사도 바울의 기도를 통해 다음으로 주목하는 것은 기도에는 항상 하나님께 감사가 있어야 한다는 것이다. "항상 하나님께 감사 드리며" 이는 하나님께서 베풀어주신 은혜를 기억함으로 인해 자연스럽게 터져나오는 감사를 표현한 것이다. 사실 논리적인 관점으로 보면 감사거리를 제공한 데살로니가 성도들에게 감사하는 것이 당연해 보인다. 그럼에도 불구하고 사도 바울은 하나님께 감사를 드리고 있다. 이는 데살로니가 성도들이 믿은 지 얼마 되지 않았음에도 신앙에 굳게 서 있을 수 있는 것은 전적으로 하나님의 은혜로 인해 주어진 것임을 고백하는 것이다. 사실, 만물보다 심히 부패하고 타락한 인간(렘 17:9)이 믿음의 역사와 사랑의 수고와 소망의 인내로 나아갈 수 있다는 것, 그것은 사람을 변화시키는 하나님의 능력이 아니고서는 절대 불가능한 것이다. 이를 깨달은 사도 바울은 지금 데살로니가 성도들이 아닌 하나님께 감사 드리고 있는 것이다.

사도 바울의 기도처럼, 항상 하나님께 감사 드리는 기도, 범사에 하나님께 감사가 있는 기도가 응답 받는 기도이다. 이를 증명하는 것이 빌 4:6-7 말씀이다. "아무 것도 염려하지 말고 다만 모든 일에 기도와 간구로, 너희 구할 것을 감사함으로 하나님께 아뢰라. 그리하면 모든 지각에 뛰어난 하나님의 평강이 그리스도 예수 안에서 너희 마음과 생각을 지키시리라"(빌 4:6-7).

기도는 하나님께 대한 신뢰의 표현이다. 하나님께 간절히 부르짖는다는 것은 그만큼 하나님을 신뢰한다는 증거이다. 그런데 사도 바울은 단순히 기도하라고만 말하지 않는다. '모든 일에 기도와 간구를 하라' 라고 끝낼 수도 있는데, '감사함으로 하나님께 아뢸 것'을 덧붙이고 있다.

왜? 무슨 이유일까?

이는 기도할 때 감사하는 마음으로 하는 것이 그만큼 중요하다는 사실을 말해준다. 우리는 때때로 기도의 자리로 나아가 감사하기는커녕, 불평과 원망의 마음으로 기도할 때가 있다. 하나님을 향해 처절한 몸부림으로 기도하긴 하는데 그 마음에는 하나님께 대한 경외감이나 찬양의 마음이 없는 경우가 있음을 부인하지 못한다. 이런 기도는 바람직한 기도가 아니며 하나님의 응답을 받기가 쉽지 않다.

우리가 지금까지 살아오면서 하나님께 받은 것이 얼마나 많이 있는가? 하나님은 의인이나 악인을 가리지 않고 햇빛과 비를 모든 사람에게 은혜('일반 은총')로 주시는 분이다. 어디 그 뿐인가? 우리 믿는 자들에게 있어서는 하나님의 자녀가 되었다는 사실 그 자체만으로도 감사 제목이 되고도 남는다. 영원한 불못, 지옥에 갈 수밖에 없는 우리 죄인들을 위해 하나님이 그의 독생자 예수 그리스도를 보내주시고, 그를 우리의 죄를 대속하여 죽게 하신 은혜가 얼마나 크고 놀라운 일이 아니겠는가? 그 은혜는 우리가 평생 찬송하고 감사해도 갚을 수가 없다.

그러므로 감사는 하나님을 향한 진정한 믿음과 신뢰에서 나오는 것이다. 하나님의 응답을 믿지 못한다면 감사의 기도는 결코 드릴 수 없다. 그래서 감사함으로 드리는 기도는 그 간구하는 내용들에 초점이 맞추어지는 것이 아니라 기도를 받으시는 하나님께 초점이 맞추어진다. 다시 말해 감사함의 기도는 욥과 같이 '주시는 자도 하나님이요 취하시는 자도 하나님이시다'라는 생각으로(욥 1:22) 하나님을 절대적으로 신뢰하며 순종하는 가운데 드리는 기도이다. 즉 기도하고 간구하되 그 응답에 대해서는 하나님의 뜻이 최선임을 믿고 그것이 어떤 것이든지 감사함으로 받겠다는 태도로 기도해야 한다. 오늘도 성경은 변함없이 선포하고 있다. 모든 일에 감사함으로 구할 때 하나님의 평강이 임한다.

이를 잘 보여주는 것이 다니엘의 기도이다. "다니엘이 이 조서에 왕의 도장이 찍힌 것을 알고도 자기 집에 돌아가서는 윗방에 올라가 예루살렘으로 향한 창문을 열고 전에 하던대로 하루 세 번씩 무릎을 꿇고 기도하며 그의 하나님께 감사하였더라"(단 6:10).

다니엘은 자신을 시기하는 대적들이 자신의 목숨을 노리고 함정을 파 놓았다는 것을 알면서도 담대하게 이전에 하던대로 기도하였다. '동일한 장소'에서, '동일한 방법'으로, '동일한 시간'에 '전에 하던대로' 하루 세 번 하나님께 감사하며 기도하였다. 바로 이런 기도가 하나님의 응답 받는 기도이며, 주님의 역사를 써 내려가는 능력의 기도이다.

다니엘은 바벨론에 포로로 잡혀와서도 늘 기도를 통하여 하나님과 소통하며, 하나님의 음성을 들었다. 그리고 대적들의 시기와 질투로 인해 초래된 '사자 굴'을 향해서도 담대히 나아갔다. 그 결과 놀라운 기적이 일어났다. 사자 굴에서 털끝 하나 다치지 않은 것은 물론이고, 우상을 섬기는 페르시아 왕 다리오로 하여금 하나님의 살아 계심을 믿고 선포하며 증거하게 만들었다(단 6:16, 20). 이것이 '전에 하던대로'의 기도, 감사 기도의 능력이다. 능력 있는 기도의 핵심은 다름 아닌 '항상'과 '감사'에 있다. 다시 말해, '항상'과 '감사'는 기도 응답의 힘이자 하나님의 역사를 이루어 가게 하는 영적 스위치이다.

그럼 사도 바울이 데살로니가 성도들을 기억하며 하나님께 감사하며 기도한 것은 무엇인가? "너희의 믿음의 역사와 사랑의 수고와 우리 주 예수 그리스도에 대한 소망의 인내를 우리 하나님 아버지 앞에서 끊임없이 기억함이니"(살전 1:3). 사도 바울은 데살로니가 성도들이 늘 '끊임없이' 믿음의 역사와 사랑의 수고, 그리고 소망의 인내로 살아가길 기도하였다.

첫 번째로 기도한 것은 믿음의 역사

사도 바울은 데살로니가 성도들에게 단순히 믿음이 있기를 기도한 것이 아니라 믿음의 역사(행위)가 일어나길 기도하였다. 여기서 먼저 주목할 것은 믿음의 '믿는다'는 것은 타동사이며, 타동사는 목적어가 있다는 사실이다. 즉, 믿음에는 그 대상이 있어야 한다.

지금 당신이 믿고 있는 대상은 누구인가? 지금 누굴 믿고 있는가? 하나님?

어느 목사님이 한밤중에 길을 가다 발을 헛디디어 그만 낭떠러지로 미끄러져 나뭇가지를 간신히 붙잡고 버티고 있었다. 천만다행으로 나뭇가지를 붙잡은 목사님은 온 맘 다해 간절히 다음과 같이 기도하였다 "하나님 살려 주시옵소서" 그러자 하나님은 그 기도를 듣고 응답하셨다. "그 손을 놓아라." 이때 당신이라면 어떻게 하겠는가? 간신히 나뭇가지를 붙잡고 있는 손을 놓으라는 하나님의 응답에 그 목사님은 다음과 같이 큰 소리로 부르짖었다. "그 위에 누구 다른 사람 없소."

당신은 정말로 하나님을 믿고 있는가? 성경은 귀신도 하나님을 믿는다고 말하고 있다. "네가 하나님은 한 분이신 줄을 믿느냐 잘하는도다 귀신들도 믿고 떠느니라"(약 2:19). 그렇다면 우리의 믿음과 귀신의 믿음의 차이점은 무엇인가? 그 차이점이 바로 믿음의 역사(행위)이다. 믿음은 교리나 신념이 아니다. 믿음은 단순히 머리나 입술로만 시인하는 것이 아니다. 믿음은 그 믿음의 대상을 전적으로 신뢰하는 것이며, 그 신뢰는 삶의 행동으로 연결되어야 한다. 그래서 사도 바울은 성도들의 삶 가운데 믿음의 역사(행위)가 있기를 기도하였던 것이다.

이 진리를 야고보 사도는 이렇게 강조한다. "내 형제들아 만일 사람이 믿음이 있노라 하고 행함이 없으면 무슨 유익이 있으리요 그 믿음이 능히 자기를 구원하겠느냐"(약 2:14). 그리고 이렇게 경고한다. "영혼 없는 몸이 죽은 것 같이 행함이 없는 믿음은 죽은 것이니라"(약 2:26). 즉, 행함이 없는 믿음은 죽은 것으로 아무런 유익이 없고, 심지어 구원으로 인도할 수 없음을 성경은 분명히 경고하고 있다.

그럼 행함이 있는 믿음이란 어떤 것인가? 믿음에 행함이 있다는 것을 어떻게 알 수 있는가? 이 질문에 마 7:20은 이렇게 대답한다. "그들의 열매로 그들을 알리라."

우리의 믿음이 행함(역사)이 있음을, 즉 살아있음을 보여주는 것이 바로 삶의 열매이다. 그리고 그 삶의 열매가 무엇인지에 대해 갈 5:22-23은 9가지 열매를 제시한다. "오직 성령의 열매는 사랑과 희락과 화평과 오래 참음과 자비와 양선과 충성과 온유와 절제니 이같은 것을 금지할 법이 없느니라." '사랑, 희락, 화평, 오래 참음, 자비, 양선, 충성, 온유, 절제,' 이런 성령의 열매들이 맺히는 삶이 바로 믿음으로 역사하는 삶이며 믿음이 살아있음을 보여주는 삶이다.

그럼 위 9가지 열매 중 지금 당신의 삶 가운데 맺히는 열매는 무엇인가? 이 질문에 답함에 있어 다음 두 가지를 반드시 숙고해야 한다.

첫째, '오직 성령의 열매는'에서 '열매'는 단수형이다.
열매가 9가지이면 복수형(성령의 열매들)을 사용하는 것이 순리이다. 그런데 단수형 '성령의 열매'로 표현하고 있다. 무엇을 말하고 있는 것인가? "오직 성령의 열매는 사랑" 즉, 성령의 열매는 바로 사랑임을 암시한다. 그리고 나머지 8개 열매는 사랑에 대한 추가적인 설명이자, 동시에 사랑을 나타내는 또 다른 열매임을 보여준다.

둘째, '성령의 열매'는 속성상 나를 위한 것이 아닌 남을 위한 것이다. 혹시 사과나무가 자신이 열매 맺은 사과를 먹는 것을 본 적이 있는가? 포도나무가 자신의 가지에 달린 포도를 먹는 것을 본 적이 있는가? 열매는 내가 먹기 위해 맺는 것이 아니다. 다른 사람을 위한 것이다. 다른 사람에게 주기 위해 열매를 맺는 것이다.

그럼 성령의 열매가 나에게 주는 유익은 무엇인가? 열매 맺는 그 자체가 바로 축복이고 삶의 유익이다. 사랑을 베풀고 오래 참으며 절제할 수 있다는 것, 그 자체가 바로 나의 삶을 윤택케 하는 영적 축복이자, 그리스도의 복음대로 살아가는 제대로 된 삶의 모습이다.

지금까지 살펴본 것을 정리하면, 믿음의 역사는 행함이 있는 믿음이며, 그 믿음이 진짜인지 가짜인지 그 진위여부는 삶의 열매로 알 수 있다. 그리고 그 삶의 열매의 본질은 사랑이고, 사랑은 나를 위한 이기적이고, 자기 중심적인 것이 아니라 남을 배려하고 품어주는 것이다. 바로 이런 믿음의 삶을 성도들이 살아가길 사도 바울은 늘 기도하였던 것이다.

다음으로 기도한 것은 '사랑의 수고'

믿음은 삶의 열매로 증명되며, 그 열매는 사랑이다. 다시 말해, 참된 믿음은 형제 사랑과 이웃사랑으로 증명되며 사랑으로 역사한다. 그래서 사도 바울은 다음으로 '사랑의 수고'가 있기를 기도하였던 것이다.

여기서 '수고'는 '힘들게 고생한다. 최선을 다해 노력한다'라는 의미를 내포하고 있으며, 이는 사랑이 단지 입술로만의 고백이 아니라 수고를 통해 드러나게 되어 있음을 시사한다.

그럼 사랑이 도대체 무엇이길래 힘들게 고생하고 최선을 다해 노력해야 하는가? 사랑이란 무엇인가? 이에 대한 해답이 요일 3:16 말씀 속에 들어 있다. "그가 우리를 위하여 목숨을 버리셨으니 우리가 이로써 사랑을 알고 우리도 형제들을 위하여 목숨을 버리는 것이 마땅하니라."

"우리가 이로써 사랑을 알고." '이로써'는 바로 앞 문맥인 "그(예수)가 우리를 위하여 목숨을 버리셨으니"를 가리킨다. 이는 우리를 위하여 목숨까지 내놓으신 예수님의 십자가 사랑을 체험하지 못하면 사랑이 무엇인지 알 수 없음을 시사한다. 다시 말해, 진정한 사랑을 경험해보아야, 맛보아 알아야 사랑이 무엇인지를 알게 된다는 것이다.

이는 세상도 동일하게 주장하는 내용이다. 몇 해 전 한겨레신문에 '사랑이란 무엇인가?'라는 칼럼이 실린 적 있다. 그 칼럼을 보면, "**우리는 어릴 때부터 사랑해야 한다고 배운다. 마치 사랑이 인스턴트식품이나 진공 포장 상품처럼, 슈퍼마켓에서 살 수 있는 상품인 것처럼 사랑해야 한다는 개념은 단지 허위와 위선을 낳을 뿐이다**"라고 역설하였다. 그리고 이렇게 결론을 내렸다: "**사랑은 타인에 대한 우**

리의 감정이 아니라, 변화된 마음의 태도이다. 사랑받을 때까지 우리는 다른 사람을 사랑할 수 없다."

이는 전적으로 맞는 말이다. 사랑을 받아본 사람만이 그 사랑을 베풀 줄 안다. 그래서 주님의 사랑이 필요한 것이다. 주님의 십자가 사랑이 바로 나를 향한 사랑, 나를 살리기 위한 사랑임이 뼛속까지 느껴지고 고백될 때, 그때 비로소 사랑이 무엇인지를 알게 된다. 그리고 그 사랑으로 이웃과 형제를 품을 수 있다. 그들을 위해 목숨까지도 내놓을 수 있게 된다.

이를 다른 각도로 말하면, 사랑의 감정이 그에 상응하는 행동으로 이어지지 않으면 그것은 사랑이 아니라는 말이다. 실천되지 아니한 사랑은 아무리 가슴이 뜨겁다 할지라도 진정한 사랑이 아니다. 그래서 사랑에 수고가 필요한 것이다. 끝까지 책임지고, 손해 보며, 희생하고, 심지어 목숨까지도 내놓는 아픔과 고통의 노력이 필요한 것이다.

자 그렇다면 이러한 사랑에 대해 들어본 적이 있는가? 경험해 본 적이 있는가? 2001년 일본 지하철 신오쿠보역에서 술에 취해 선로에 떨어진 일본인을 구하려다 목숨을 잃은 한인 유학생이었던 이수현씨를 일본은 지금도 잊지 못하고 있다. 매년 1월 26일 되면 이수현씨의 숭고한 사랑을 기리는 추모식이 한 해도 거르지 않고 열리고 있다. 자신의 목숨을 바쳐 생면부지의 사람을 살려낸 살신성인의 희생 앞에 일본 사람들은 고개를 숙이고 있다.

이보다 더 큰 사랑이 어디 있겠는가? 다른 사람을 위해 자신의 목숨을 건다는 것은 아무나 할 수 있는 일이 아니다. 그런데 이수현씨가 보여준 살신성인(殺身成仁)의 사랑보다 비교도 할 수 없는 더 큰 사랑이 있다. 그 사랑은 바로 예수 그리스도의 십자가 사랑이다. 인간이 인간을 위해 목숨 바친 사랑도 참으로 귀하고 값진 것인데, 하물며 신(神)이신 하나님이 피조물 중의 하나인 아무 자격 없고 공로 없는 우리 인간을 위해 목숨 바치신 살신성인(殺神成仁)의 사랑, 그 사랑은 이 세상 어떤 것으로도 비교할 수 없고, 그 무엇으로도 표현할 수 없는 고귀한 사랑이다. 우리는 그 사랑을 값없이 거저 선물로 받았다. 이제 우리 차례이다. 값없이 거저 받은 그 십자가의 사랑으로 주위의 형제, 이웃을 살피고 보듬고 품어야 한다.

殺身成仁 → 殺神成仁

오래전 기독교 신문에 '교회가 새 신자를 쫓아내는 10가지 말'이라는 기사가 실린 적이 있었다. 그 10가지 말 중에 하나가, 새 신자가 처음 와서 자리에 앉아 있는데, 기존 신자가 와서 "여기는 원래 내 자리입니다"라고 말하는 것이다. 이렇게 말하면 십중팔구 그 새 신자는 교회를 떠난다고 한다.

'사랑의 수고'는 무슨 거창한 프로젝트나 사생결단의 캠페인이 아니다. 내가 할 수 있는 아주 작은 것, 내가 줄 수 있는 아주 적은 것, 그것으로 남을 배려하는 것, 남을 품어주는 것으로부터 시작한다.

세 번째로 기도한 것은 소망의 인내

지금 당신이 소망하고 있는 것은 무엇인가? 당신이 꿈꾸는 인생의 소망은 무엇인가?

'소망'이라는 것은 우리가 궁극적으로 바라는 것, 이루려고 기대하며 노력하는 것이다. 그래서 소망을 이루기 위해선 어느 정도의 시간이 필요하다. 소망이라는 것이 생각하자마자 즉시 이루어진다면 그것은 소망이 아니다. 소망은 기다림의 인내가 반드시 수반되는 것이며, '인내'란 기대하며 참아낸다는 뜻(버팀이 아닌 견딤)이다. 한마디로 소망을 이루기 위해서는 각고의 노력이 필요하다.

그럼 지금 당신은 당신의 소망을 이루기 위해 얼마나 인내하고 있는가? 아니 그 소망은 인내할 만큼 가치가 있는 것인가? 나중에 혹시 '내가 이걸 위해 인생을 걸었던가' 라고 후회할 소망은 아닌가? 살전 1:3절을 보면 진정한 가치 있는 소망은 "예수 그리스도에 대한 소망"임을 강조한다. 이를 원어적으로 보면 '그리스도 안에서의 소망'(hope in our Lord Jesus Christ)이라는 의미이다.

사실, 우리에게 '믿음의 역사'가 있고, '사랑의 수고'가 있다 하더라도 그리스도 안에서의 소망의 인내가 없다면 그 믿음과 사랑은 결코 지속될 수 없다. 예배와 찬양으로 은혜 받고, 말씀과 기도로 충만할 때는 무엇이든지 할 수 있다는 믿음이 생겨나며, 누구라도 품어줄 수 있는 사랑이 솟아난다. 하지만 이 믿음과 사랑이 언제나 충만할 수 없는 것이 우리의 솔직한 현실이다. 때론 인생살이가 곤비하여 지치기도 하고, 신앙생활 가운데 이 모양 저 모양으로 시험 들어 넘어지기도 한다. 믿음으로 하루하루를 살아내도 나의 현실은 변하지 않는 것 같고, 미워하는 사람을 최선을 다해 사랑하려 하지만 그가 전혀 바뀌지 않는 것 같을 때 우리는 영적으로 탈진하고 포기하게 된다.

이럴 때 우리를 다시 일어서게 하는 것, 그것이 바로 '그리스도 안에서의 소망'이다. 왜냐하면, 그리스도 안에 있으면 **"환난은 인내를, 인내는 연단을, 연단은 궁극적으로 우리를 소망"**으로 인도하기 때문이다. 이 진리를 어떻게 하면 좀 더 실감나게 설명할 수 있을까 고민하다 눈에 들어온 것이 과학자들이 쥐를 가지고 실험한 내용이다.

과학자들이 두 건강한 쥐를 가지고 실험하였는데, 한 마리는 완전히 뚜껑을 덮은 전혀 햇빛이 비치지 않는 항아리에 넣었고, 다른 한 마리는 햇빛이 비치도록 조그만 구멍을 뚫어 놓은 항아리에 넣고 비교해 보았다고 한다. 그 결과 햇빛이 조금도 비치지 않는 캄캄한 항아리 속에 들어간 쥐는 3분을 못 버티고 죽었고, 햇빛이 비치도록 구멍을 뚫어 놓은 항아리의 쥐는 무려 36시간이 지나도 죽지 않았다고 한다.

그렇다면 캄캄한 항아리 안의 쥐가 3분 만에 죽은 이유는 무엇인가? 그 이유는 바로 절망이다. 캄캄한 절망 가운데에 처했기 때문에 3분도 견디지 못하고 죽고 만 것이다. 우리가 그 어떤 시련과 고난 속에서도 다시 일어설 수 있는 힘, 꿋꿋이 견디어 낼 수 있는 힘, 그 힘은 바로 '소망'이다. 그래서 사도 바울은 우리 믿는 자들의 삶 가운데 소망이 충만하길 기도하였던 것이다. "소망의 하나님이 모든 기뿜과 평강을 믿음 안에서 너희에게 충만하게 하사 성령의 능력으로 소망이 넘치게 하시기를 원하노라"(롬 15:13).

지금까지의 내용을 요약하면, 하나님의 성도로서 제대로 올바로 사는 삶은 '믿음의 역사, 사랑의 수고, 그리스도에 대한 소망의 인내'로 사는 것이며, 바로 그런 삶의 모습이 '우리 하나님 아버지 앞에서 끊임없이 기억되기를' 사도 바울은 기도하였던 것이다. 다시 말해, 교회를 향한 사도 바울의 기도의 결론은 우리 믿는 자들이 하나님 아버지 앞에서 기억되는 것이다. 즉, 코람데오의 신앙인으로 하나님과 소통하는 삶, 하나님 앞에서 하나님의 음성을 듣고 그 들은 음성대로 사는 삶을 살아가길 사도 바울은 기도하였던 것이다.

지금 당신은 하나님 앞에 서 있는가? "내가 누구인지 깨닫는 장소는 내 안이 아니라 하나님 앞이다"(유진 피터슨). 그래서 하나님 앞에서 기억되기를 기도해야 하는 것이다. 왜냐하면 하나님 앞에 섰을 때 그때 내가 누구인지를 깨닫게 된다. 내가 얼마나 자격 없는지, 공로 없는지, 형편없는지, 못됐는지, 죄인 중의 괴수인지를 처절하게 깨닫게 되어, 그저 하나님 앞에 가슴을 치며 엎드리게 될 수밖에 없다. 다시 말해, 내가 죄인이라는 고백이 나와야 예수님의 십자가 은혜가 얼마나 감사한지를 가슴 속 깊이 체험할 수 있다. 나를 향한 하나님 아버지의 사랑이 얼마나 깊고 넓은지 깨닫게 된다.

오늘 우리가 '믿음의 역사, 사랑의 수고, 소망의 인내'의 삶을 살아갈 수 있는 것, 그것은 바로 하나님의 사랑과 택하심의 은혜가 있기 때문이다. "하나님의 사랑하심을 받은 형제들아 너희를 택하심을 아노라"(살전 1:4).

우리에게 값없이 베풀어 주시는 하나님의 사랑 안으로 들어갈 때, 죄인 중의 괴수인 나를 품어 주시는 그 사랑으로 충만할 때, 그때 '믿음의 역사, 사랑의 수고, 소망의 인내'의 삶을 살아낼 수 있다.

그러므로 고백하며 선포한다. '하나님의 사랑이 우리 신앙의 출발점이다.' 하나님은 오늘도 우리 각자의 이름을 일일이 손바닥에 쓰시고 기억하시며 사랑한다고 말씀하고 계신다(사 49:16).

지금 당신을 향한 하나님의 사랑의 세레나데가 들리는가?

'기도'

그대가 길을 잃었을 때
빛으로 비춰 주리
바람에 마음 흔들릴 때
나 그대의 손잡아 주리

그대를 위해 기도합니다
지켜 달라고 기도합니다
나의 바램이 닿을 수 있게
닫혀진 문이 서서히 열려

상처에 울고 때론 지쳐서
절망에 갇혀 아프지 않길
마음을 다해 그대의 위로가 되길
오늘도 나는 기도합니다

그대를 위해 기도합니다
지켜 달라고 기도합니다
거칠은 바다, 고된 이 세상
항해를 떠난 그대를 위해

상처에 울고 때론 지쳐서
절망에 갇혀 아프지 않게
마음을 다해 그대의 위로가 되길
오늘도 나는 기도합니다

2장

하나님의 나라에
합당한 자

형제들아 우리가 너희를 위하여 항상 하나님께 감사할지니 이것이 당연함은 너희의 믿음이 더욱 자라고 너희가 다 각기 서로 사랑함이 풍성함이니, 그러므로 너희가 견디고 있는 모든 박해와 환난 중에서 너희 인내와 믿음으로 말미암아 하나님의 여러 교회에서 우리가 친히 자랑하노라, 이는 하나님의 공의로운 심판의 표요 너희로 하여금 하나님의 나라에 합당한 자로 여김을 받게 하려 함이니 그 나라를 위하여 너희가 또한 고난을 받느니라, 너희로 환난을 받게 하는 자들에게는 환난으로 갚으시고, 환난을 받는 너희에게는 우리와 함께 안식으로 갚으시는 것이 하나님의 공의시니 주 예수께서 자기의 능력의 천사들과 함께 하늘로부터 불꽃 가운데에 나타나실 때에, 하나님을 모르는 자들과 우리 주 예수의 복음에 복종하지 않는 자들에게 형벌을 내리시리니, 이런 자들은 주의 얼굴과 그의 힘의 영광을 떠나 영원한 멸망의 형벌을 받으리로다. 그 날에 그가 강림하사 그의 성도들에게서 영광을 받으시고 모든 믿는 자들에게서 놀랍게 여김을 얻으시리니 이는 (우리의 증거가 너희에게 믿어졌음이라), 이러므로 우리도 항상 너희를 위하여 기도함은 우리 하나님이 너희를 그 부르심에 합당한 자로 여기시고 모든 선을 기뻐함과 믿음의 역사를 능력으로 이루게 하시고, 우리 하나님과 주 예수 그리스도의 은혜대로 우리 주 예수의 이름이 너희 가운데서 영광을 받으시고 너희도 그 안에서 영광을 받게 하려 함이라 (살후 1:3-12).

앞장에서는 사도 바울이 데살로니가 교회를 향해 믿음의 역사와 사랑의 수고, 그리고 예수 그리스도에 대한 소망의 인내가 하나님 아버지 앞에서 끊임없이 기억되기를 기도하였음을 살펴보았다. 이번 장에서는 '데살로니가후서'에 기록된 사도 바울의 기도를 통해 교회가 어떤 모습으로 세워져 가야 하는 지에 대한 영적 교훈을 얻고자 한다.

'데살로니가후서 1장'에 기록된 사도 바울의 기도는 이렇게 시작한다. "이러므로 우리도 항상 너희를 위하여 기도함은…"(11절).

"이러므로"로 시작하는 말씀에서 사도 바울이 데살로니가 교회를 위해 기도하는 것이 무엇인지를 이해하기 위해서는 앞선 문맥을 이해할 필요가 있다.

먼저 3절을 보면 사도 바울은 데살로니가 성도들을 향해 감사하고 있다.

"형제들아 우리가 너희를 위하여 항상 하나님께 감사할지니 이것이 당연함은 너희의 믿음이 더욱 자라고 너희가 다 각기 서로 사랑함이 풍성함이니."

사도 바울은 데살로니가 교회를 위해 기도함에 있어, 늘 하나님께 감사를 올려드렸다. 앞장에서 살펴보았듯이 '항상과 감사'는 기도함에 있어 요구되는 본질적 자세이자, 능력 있는 기도, 응답 받는 기도의 힘이다.

그럼 사도 바울이 데살로니가 교회를 위해 항상 기도할 때마다 하나님께 감사한 이유는 무엇인가?

먼저, "너희의 믿음이 더욱 자라고." 데살로니가 교회는 믿음이 살아 있는 교회, 믿음이 성장하는 교회, 다시 말해 미래가 있는 교회이며, 소망이 있는 교회였다. 그리고 "너희가 다 각기 서로 사랑함이 풍성함이니." 데살로니가 교회는 이웃 사랑과 형제 사랑이 충만한 교회이며, 사랑의 수고가 있는 교회였다. 그래서 하나님께 감사를 올려드렸던 것이다. 이 감사는 데살로니가 교회가 믿음 성장, 사랑 충만의 교회로 세워져 갈 수 있었던 것은 다름아닌 하나님의 은혜였음을 고백하는 감사이다.

이는 앞장에서 살펴 본 사도 바울의 기도, 특히 '믿음의 역사'와 '사랑의 수고'에 대한 기도가 응답 받고 있음을 보여준다. 다시 말해, 사도 바울의 감사는 그가 늘 기도한대로 이루어졌음을 보여주는 영적 증거이다.

그런데 여기서 주목할 점은 믿음이 자라나고 사랑의 수고가 있는 거의 완벽에 가까운 교회라 할지라도 핍박과 환난과 고난을 피해갈 수 없다는 것이다. "그러므로 너희가 견디고 있는 모든 박해와 환난 중에서 너희 인내와 믿음으로 말미암아 하나님의 여러 교회에서 우리가 친히 자랑하노라"(살후 1:4).

하나님의 교회는 세상이 꿈꾸는 유토피아가 아니다. 그 어떤 교회도, 가정도, 인생도 고난이 있고, 시련이 있고, 위기가 있다. 그 고난과 위기 속에 어떻게 대처하느냐가 신앙의 품격을 보여주며, 인생의 가치를 드러내는 것이다. 데살로니가 교회는 핍박과 환난 속에서도 예수 그리스도의 교회라는 본연의 모습을 잃지 않고, 그에 합당한 품위와 품격을 보여주었다. 그래서 사도 바울의 자랑이 되었던 것이다 ("하나님의 여러 교회에서 우리가 친히 자랑하노라").

이 땅의 모든 교회들이 이런 교회가 되길 소망한다. 데살로니가 교회가 그러한 교회가 될 수 있었던 그 원동력(힘)은 바로 '인내와 믿음'에서 비롯되었음을 사도 바울은 증거하고 있다 ("모든 박해와 환난 중에서 너희 인내와 믿음으로 말미암아").

여기서 '인내'는 그냥 참고 버티는 것이 아니다. 소망을 향해 견뎌내는 인내, 즉 소망의 인내이다. 그리고 믿음은 단순히 입술의 고백이 아니며, 개념이나 교리가 아니다. 다시 말해 믿음은 명사가 아니라 동사, 즉 믿음은 행위(믿음의 역사)가 뒤따라야 한다. 이러한 '인내와 믿음'으로 모든 박해와 환난을 견뎌낼 수 있었음을 데살로니가 교회는 보여주었고, 사도 바울은 간증하였다. 그리고 이를 증명하는 것이 이사야 40:31 말씀이다. "오직 여호와를 앙망하는 자는 새 힘을 얻으리니 독수리가 날개 치며 올라감 같을 것이요 달음박질하여도 곤비하지 아니하겠고 걸어가도 피곤하지 아니하리로다"(사 40:31).

선지자 이사야는 분명히 선포하였다. '오직 여호와를 앙망하는 자는 새 힘을 얻게 될 것'이다. 바로 이 약속의 말씀이 성취된 것이 데살로니가 교회의 모습이다. 여기서 '앙망하다'로 번역된 원어는 '기다리다', '기대하다' 등의 뜻을 갖고 있는데, 이는 단순히 기다린다는 것이 아니라 소망의 기다림을 의미한다. 앞장에서 살펴보았듯이, 소망의 기다림에는 반드시 인내함이 필요하다. 그리고 그 인내함 속에는 믿음의 연단(영적 근육; 믿음의 굳은 살)이 이루어져 간다. 바로 이것이 '앙망하다'라는 의미이다.

그렇게 소망의 인내와 믿음의 연단으로 여호와를 앙망하면 나타나는 결과가 바로 새 힘을 얻게 되는 것이다. 그럴 때, 다시 말해 인내와 믿음으로 여호와를 앙망하여 새 힘을 얻을 때, 그 어떤 상황과 환경 속에서도 독수리 날개 치며 올라가고, 달음박질 하여도 곤비치 않을 것이며, 걸어가도 피곤하지 않은 인생을 살아가게 될 것을 선지자 이사야는 예언하였으며, 이를 증명해 보인 것이 바로 데살로니가 교회이다.

그 어떤 핍박과 환난 속에서도 인내와 믿음을 놓지 않고, 여호와를 앙망하며 새 힘을 얻어 복음의 정진을 이루어 간 데살로니가 교회를 향해 무어라 말해 주고 싶은가? 사도 바울은 5절에서 다음과 같이 공포한다. "이는 하나님의 공의로운 심판의 표요 너희로 하여금 하나님의 나라에 합당한 자로 여김을 받게 하려 함이니."

"하나님의 공의로운 심판의 표요." 이는 우리 믿는 자들이 이 세상에서 고난 받는 것, 그리고 그 가운데서 인내와 믿음을 지키는 것, 그것이 바로 '하나님의 공의로운 심판의 표'라는 말이다.

시련과 고난 가운데서도 인내와 믿음을 저버리지 않는다는 것은 하나님께 대한 소망을 가지고 있음을 보여준다. 바로 그것이 하나님의 심판이 임할 때 저주가 아닌 축복, 멸망이 아닌 영생을 받는 증거의 표가 된다는 사실을 강조한 것이다. 다시 말해, 성도에게 임하는 심판은 멸망의 심판이 아니요, 보상의 심판임을 강조하며, 그 어떤 시련과 고난 속에서도 소망의 인내와 믿음을 잃지 말 것을 권면한 것이다(참고로 이를 풀어 설명한 것이 6-10절의 말씀이다).

그리고 나서 사도 바울은 데살로니가 성도들이 "하나님의 나라에 합당한 자로 여김을 받게" 되기를 기도하였다. 앞서 사도 바울은 데살로니가 성도들이 믿음의 역사, 사랑의 수고, 그리스도 안에서의 소망의 인내로 항상 하나님 아버지 앞에서 기억되길 기도하였다. 이제 이 기도대로 살아가고 있는, 또는 살아가고자 노력하는 성도들에게 그 어떤 시련과 고난이 닥친다 해도 하나님 나라에 합당한 자로 살아 내길 기도하였던 것이다. "이러므로 우리도 항상 너희를 위하여 기도함은 우리 하나님이 너희를 그 부르심에 합당한 자로 여기시고 모든 선을 기뻐함과 믿음의 역사를 능력으로 이루게 하시고, 우리 하나님과 주 예수 그리스도의 은혜대로 우리 주 예수의 이름이 너희 가운데서 영광을 받으시고 너희도 그 안에서 영광을 받게 하려 함이라"(살후 1:11-12).

데살로니가 교회가 하나님의 나라에 합당한 교회가 되길 간구한 사도 바울의 기도는 크게 세 가지이다.

첫 번째 기도 "하나님이 너희를 그 부르심에 합당한 자로 여기시고"

여기서 '부르심'은 그 어떤 소명이나 사명을 주는 부르심이 아닌 구원으로의 부르심이다. 즉, 죽을 수밖에 없었던 죄인인 우리를 구원하시어 하나님의 자녀로 부르신 부르심, 성도로서의 부르심을 의미한다. 이런 하나님의 부르심은 예수님의 십자가 은혜로 주어지는 무

조건적이고 차별 없는 은혜의 부르심이다. 그런데 잊지 말아야 할 것은 이 부르심, 즉 우리를 성도로 부르신 그 부르심에는 분명한 목적이 있다는 사실이다.

그럼 어떤 목적이 있는가? "또 미리 정하신 그들을 또한 부르시고 부르신 그들을 또한 의롭다 하시고 의롭다 하신 그들을 또한 영화롭게 하셨느니라"(롬 8:30).

하나님은 미리 예정하신 바에 따라 택한 자를 부르시고, 또한 부른 자를 의롭다 하시며, 더 나아가 영화롭게 하심으로 구원을 이루어 가신다. 즉, 하나님이 우리를 자녀로 부르신 목적은 '의로움과 영화로움'이다.

먼저 '의로움'이란 우리가 죄가 하나도 없는 의로운 사람이 된다는 것이 아니라, 예수님의 십자가 보혈로 의롭다 칭함을 받은 그 은혜에 합당하게 살아가야 함을 강조하는 것이다. 이는 오늘 우리가 이 세상을 살아가며 이루어야 하는 '현재적' 목적으로 거룩한 성화의 삶을 의미한다. 다음으로 '영화로움'이란 하나님이 우리를 영화롭게 하신다는 것으로, 종말에 이루어질 최종 영광에 들어가는 것을 의미한다. 이는 우리가 소망하며 바라보는 '미래적' 목적으로 주님이 재림하면 온전히 이루어진다. 이 목적을 보다 잘 설명하는 말씀이 "이는 너희를 부르사 자기 나라와 영광에 이르게 하시는 하나님께 합당히 행하게 하려 함이라"(살전 2:12)이다.

이로 볼 때, 하나님이 우리를 성도로 부르신 목적은 한마디로 '하나님 나라와 영광에 들어감'에 있다. 다시 말해, 우리 믿는 자들의 정체성은 하나님과 함께 하나님 나라 안에 거하는 영광스러운 존재인 것이다 ("너희도 그 안에서 영광을 받게 하려 함이라", 12절).

그럼 지금 당신의 모습 속에 의로움, 영화로움, 하나님의 나라 백성 다움이 있는가? 이 질문에 참으로 '예'라고 답하기가 쉽지 않다. 그렇기 때문에 하나님께서 우리를 합당하게 여겨 달라고 기도해야 한다. 하나님의 은혜가 아니면 그 어느 누구도 하나님 나라에 합당한 자가 될 수 없다.

두 번째 기도 "모든 선을 기뻐함과 믿음의 역사를 능력으로 이루게 하시고"

'모든 선을 기뻐한다'는 것은 이전에는 본질상 진노의 자녀로 육체의 욕심을 따라 타락한 삶을 살던 우리가 하나님의 자녀로 부르심을 받은 후로는 선함을 이루며 살아가야 함을 요구한다. 그것도 마지못해 서가 아니라 기쁨으로 감당해야 함을 강조한다. 이 기도의 권면은 단순히 윤리적-도덕적 삶의 선을 이루라는 것이 아니다. 우리 믿는 자들에게 있어 선을 행함은 하나님의 자녀로서의 정체성의 문제이다. "우리는 그가 만드신 바라 그리스도 예수 안에서 선한 일을 위하여 지으심을 받은 자니 이 일은 하나님이 전에 예비하사 우리로 그 가운데서 행하게 하려 하심이니라"(엡 2:10).

하나님의 자녀 된 자는 어느 누구도 예외 없이 선한 일을 위해 창조되었다. 그래서 우리 믿는 자 모두는 모든 선을 기뻐하며 이루어 가야 하는 것이다. 다시 말해 선을 행함은 선택이 아니라 필수이다. 존재론적 필수이다.

그럼 우리가 이루어가야 할 선한 일은 무엇인가? 윤리적으로 도덕적으로 착하고 좋은 것을 말하는 것인가?

성경에서 말하는 '선'은 한마디로 하나님의 속성이며 하나님의 성품이다. 하나님 한 분 외에는 선한 이가 존재하지 않기 때문이다(막 10:18). 그러므로 선을 행한다는 것은 우리의 삶을 통해 하나님의 하나님 되심을 드러내는 것이다. 세상 사람들이 우리의 삶을 통해 하나님을 보고 인정하게 되는 것, 그것이 바로 선을 행하는 본질이고 우리가 이 세상에 존재하는 목적이다.

다음으로 '**믿음의 역사를 능력으로 이루게 한다**'는 것은 우리의 믿음이 실제 생활 속에서 행위로 나타나야 함을 강조한다(즉, '믿음의 역사'). 그런데 여기서 주목할 점은 이러한 믿음의 역사조차도 하나님의 능력이 함께 하실 때에만 그 효력을 발휘할 수 있다는 사실이다('능력으로 이루게 하시고'). 우리의 믿음이 살아있는 믿음, 행동하는 믿음이 될 수 있는 것, 그것도 하나님의 은혜이다.

이로 볼 때, 모든 선을 기뻐함과 믿음의 역사를 이루는 것은 우리가 우리의 힘으로 할 수 있는 것이 아니다. 하나님께서 우리를 통해 이루어 가시는 것이다. 우리가 하나님 나라에 합당한 자로 살아갈 수 있는 것은 전적으로 우리 안에서 역사하시는 하나님의 섭리의 결과이다.

다시 말해, 우리가 하나님의 자녀답게 살아갈 수 있는 것은 우리에게 그만한 의지나 또는 능력이 있어서가 아니다. 우리 스스로는 그어떤 선한 행위도, 믿음의 역사도 할 수 없다. 우리는 예수님을 믿고 거듭났다고는 하지만 여전히 부패한 본성을 가지고 있고 구원을 이루어 감에 있어 전적으로 무능력한 상태에 있다. 우리가 구원을 이루어가는 과정 속에서 행하는 모든 선한 행위는 우리 안에 계신 하나님의 영, 곧 성령께서 당신의 기쁘신 뜻에 따라 우리의 결심과 소원까지도 인도하신 결과이다. "너희 안에서 행하시는 이는 하나님이시니 자기의 기쁘신 뜻을 위하여 너희에게 소원을 두고 행하게 하시나니"(빌 2:13). 그래서 하나님께 기도해야 한다.

세 번째 기도 "우리 주 예수의 이름이 너희 가운데서 영광을 받으시고 너희도 그 안에서 영광을 받게 하려 함이라"

사도 바울은 우리 성도들 삶 가운데 주님의 영광이 드러나길 기도하였다. 우리의 삶을 통해 주님이 영광 받으시길 기도하였다. 이는 당연한 기도이다. 우리를 창조하신 하나님 아버지께 모든 영광을 올려드린다는 것은 당연한 일이며, 마땅한 도리이다. '오직 주께 영광'은 우리가 창조된 목적이고 삶의 목표이다. 그래서 사도 바울은 우리가 '먹든지 마시든지 무엇을 하든지 오직 주께 영광 돌릴 것'을 촉구하였던 것이다(고전 10:31).

이는 한마디로, 우리의 24시간 365일 삶의 모든 부분이 전부 다 하나님의 영광을 위해 살아가라는 권면이다. 매 호흡마다, 매 순간마다 하나님께 영광 돌리는 삶, 출생부터 죽음까지 인생 전부가 다 하나님께 영광 돌리는 삶, 바로 그런 삶을 살아내기를 사도 바울은 기도하였던 것이다("나의 간절한 기대와 소망은 살든지 죽든지 내 몸에서 그리스도가 존귀하게 되는 것이다"(빌 1:20)).

그런데 오늘날 우리 시대를 보면, 하나님께 영광을 올려드리기는커녕 그 영광을 훼손하고 짓밟는 무서운 죄악을 범하고 있다. 사도 바울이 일찍이 경고하였듯이 하나님의 영광을 썩어 없어질 우상으로 바꾸어 버렸다("썩어지지 아니하는 하나님의 영광을 썩어질 사람과 새와 짐승과 기어다니는 동물 모양의 우상으로 바꾸었느니라"(롬 1:23)).

현대 의학으로 태아의 성별을 알 수 있는 시기는 대략 임신 10주차이다. 이때, 의사가 초음파로 검사하여 태아의 성별을 알려줄 수 있다. 그런데 지금 미국에서는 아이의 성별을 의사가 결정하는 것이 아니라 아이가 18살되면 그때 아이가 결정하게 하자는 목소리가 점점 커지고 있다. 하나님이 정하신 성별을 인간이 바꾸어 버리는 성전환, 그리고 같은 성별을 지닌 사람끼리 성적 행위를 하는 동성애는 하나님의 창조질서를 거부하는 사회적-이념적 우상이 되어 버렸다('문화적 아이콘'). 사도 바울의 지적처럼, 지금 "이 세상의 우상은 믿지 아니하는 자들의 마음을 혼미하게 하여 그리스도의 영광의 복음의 광채가 비치지 못하게"하고 있다(고후 4:4).

그럼 사람들은 왜 예나 지금이나 하나님을 거부하고 우상을 숭배하는가?

아담의 범죄 이후 늘 인간의 마음 속에는 하나님의 자리에 올라가려는 악이 있다. 하나님을 자기 마음대로 조종하려는 악이 있다. 그러한 악이 만들어 내는 것이 우상이다. 그러므로 우상은 인간을 타락시키는 것이 아니라 반대로 '타락한 인간이 만들어 내는 산물'이다. 인본주의의 가장 큰 해악이 바로 우상인 것이다.

타락한 세상이 우상을 만들고 하나님을 거부하며 사망의 어두움으로 내딛고 있던 그때 예수님은 하나님의 영광의 빛; 생명의 빛을 비추시기 위해 이 땅에 오셨다. 그리고 그 사명을 완성하기 위해 십자가에 달려 죽으셨다. 그러나 안타깝게도 '빛이 어둠에 비치되 어둠이 깨닫지 못하였다.' 아니 깨닫지 못한 것이 아니라 거부하였다. 어둠은 본질적으로 빛을 싫어하기 때문이다. 그럼에도, 세상이 아무리 그 빛을 거부하여도, 예수님은 십자가에서 하나님의 영광을 선포하시고 삼일 만에 부활하셨다. 그리고 부활하신 예수님은 이 땅에 반드시 다시 오실 것이다. 장차 다시 오실 예수님의 재림을 믿고 소망하는 성도라면 반드시 품어야 할 비전이 있다. 그 비전은 바로 하박국 선지자가 보았던 비전이다. "이는 물이 바다를 덮음 같이 여호와의 영광을 인정하는 것이 세상에 가득함이니라"(합 2:14).

온 우주만물을 덮는 하나님 영광의 충만함, 이 세상 모든 피조물들이 한 목소리로 송축하는 하나님의 영광, 바로 이 모습이 원래의 모습, 죄가 이 땅에 들어오기 전 창조 본래의 모습이다. 다시 말해, 온 우주만물은 원래부터 하나님의 영광을 위하여 창조되었던 것이다 ("내 이름으로 불려지는 모든 자 곧 내가 내 영광을 위하여 창조한 자를 오게 하라 그를 내가 지었고 그를 내가 만들었느니라"(사 43:7)).

우리가 창조된 목적도, 그리고 이 땅에 태어난 목적도 '하나님의 영광을 위하여' 이다. 하나님이 우리를 창조하시고 구원하신 목적이 바로 하나님의 영광을 찬양하는 것이다. 그 하나님의 영광을 약 3400년 전 모세는 직접 눈으로 보기를 소망하며 하나님께 간구하였다. 그러자 하나님은 모세를 향해 '하나님의 영광을 보면 죽는다'라고 말씀하셨다. 이 말씀을 역으로 보면, 죽음을 각오해야 하나님의 영광을 볼 수 있음을 암시한다. 복음을 위해 목숨 걸었던 초대 교회 성도들은 복음이 하나님의 능력임을 경험하였다. 일제시대 때 신사참배 강요 앞에서도 목숨 걸었던 믿음의 선배들, 그리고 낯선 이국 땅조선의 복음화를 위해 목숨 걸었던 선교사님들은 복음이 영광의 복음임을 경험하였던 것이다.

지금 여러분은 하나님의 영광을 위하여 살아가고 있는가? 복음을 위해 목숨 걸고 있는가? '영광'이라는 단어를 살펴보면 '무겁다'라는 문자적 의미가 들어 있다. 그리고 '무겁다'라는 것은 어떤 존재가 흔들림 없이 중심을 잡고 있는 상태를 의미한다. 이로 볼 때, '하나님의 영광'은 우리가 창조된 목적(존재하는 목적)이자, 동시에 우리 인생의 중심이 되어야 함을 교훈한다. 그 어떤 상황과 환경 속에서도 우리를 흔들리지 않게 붙잡아주는 것, 우리 인생의 닻을 단단히 매어두어야 하는 곳, 그곳이 바로 하나님의 영광인 것이다. 그런데, 안타깝게도 오늘날 우리 시대를 둘러보면 인생의 중심을 세상 속에서 찾고 있다(심지어 성도들도). 돈, 명예, 학벌, 권력, 성공, 스펙 등 물질주의, 배금주의, 쾌락주의, 포스트모던주의는 세상의 화려함과 찬란함 그리고 인본주의 논리와 이성으로 하나님의 영광을 대체해 버렸다.

이런 시대 속에 하나님의 영광을 선포하고 증거할 책임이 우리 믿는 자 모두에게 있다. 그럼 어떻게 살아야 하나님께 영광 돌릴 수 있는가? 어떻게 해야 하나님께서 영광을 받으시는가? "너희가 열매를 많이 맺으면 내 아버지께서 영광을 받으실 것이요 너희는 내 제자가 되리라"(요 15:8).

지금 당신은 어떤 열매를 맺고 있는가? 성령의 열매? 전도의 열매?

우리가 잊지 말아야 할 것은 성령의 열매 또는 전도의 열매를 맺는 것도 성령의 역사하심이 임해야 가능한 일이다. 그래서 하나님께 기도해야 하는 것이다. 우리 모두는 하나님의 부르심을 받은 자들이다.

그 부르심에 합당한 삶과, 모든 선을 기뻐함과 믿음의 역사가 일어나는 삶, 삶의 열매를 맺어 하나님께 영광돌리는 삶을 살아 내길 힘써야 한다. 주님께서 다시 오실 그 날까지 하나님의 나라 백성으로 합당한 삶을 살아가길 소망한다.

'내 모든 소원 기도의 제목'

내 모든 소원 기도의 제목 예수를 닮기 원함이라
예수의 형상 나 입기 위해 세상의 보화 아끼잖네
예수를 닮기 내가 원하네 날 구속하신 예수님을
내 마음 속에 지금 곧 오사 주님의 형상 인치소서

무한한 사랑 풍성한 긍휼 슬픈 자 위로하시는 주
길 잃은 죄인 부르는 예수 그 형상 닮게 하옵소서
예수를 닮기 내가 원하네 날 구속하신 예수님을
내 마음 속에 지금 곧 오사 주님의 형상 인치소서

겸손하시고 거룩한 예수 원수의 멸시 참으시사
우리를 위해 고난을 받은 구주를 닮게 하옵소서
예수를 닮기 내가 원하네 날 구속하신 예수님을
내 마음 속에 지금 곧 오사 주님의 형상 인치소서

3장

오직 복음:
다시 복음으로

예수 그리스도의 종 바울은 사도로 부르심을 받아 하나님의 복음을 위하여 택정함을 입었으니, 이 복음은 하나님이 선지자들을 통하여 그의 아들에 관하여 성경에 미리 약속하신 것이라. 그의 아들에 관하여 말하면 육신으로는 다윗의 혈통에서 나셨고, 성결의 영으로는 죽은 자들 가운데서 부활하사 능력으로 하나님의 아들로 선포되셨으니 곧 우리 주 예수 그리스도시니라. 그로 말미암아 우리가 은혜와 사도의 직분을 받아 그의 이름을 위하여 모든 이방인 중에서 믿어 순종하게 하나니, 너희도 그들 중에서 예수 그리스도의 것으로 부르심을 받은 자니라. 로마에서 하나님의 사랑하심을 받고 성도로 부르심을 받은 모든 자에게 하나님 우리 아버지와 주 예수 그리스도로부터 은혜와 평강이 있기를 원하노라. 먼저 내가 예수 그리스도로 말미암아 너희 모든 사람에 관하여 내 하나님께 감사함은 너희 믿음이 온 세상에 전파됨이로다. 내가 그의 아들의 복음 안에서 내 심령으로 섬기는 하나님이 나의 증인이 되시거니와 항상 내 기도에 쉬지 않고 너희를 말하며, 어떻게 하든지 이제 하나님의 뜻 안에서 너희에게로 나아갈 좋은 길 얻기를 구하노라 (롬 1:1-10).

얀 후스는 종교개혁을 이끌어 개신교 시대를 연 마틴 루터가 태어나기 100년 전 사람으로 성경만이 진리라고 주장하다가 교황청으로부터 이단으로 정죄 받아 화형 당한 체코 종교개혁가이다. 이런 얀 후스를 체코는 잊지 않고 그를 기억하기 위해 수도 프라하 구시가지 광장에 얀 후스 동상을 세웠다. 그 동상 앞에 가면 반드시 보아야 할 것이 있다. 그것은 동상아래 새겨진 문구로 얀 후스가 남긴 명언이다: '서로 사랑하십시오 그리고 모든 이들에게 진리를 요구하십시오.'

얀 후스의 인생을 한 마디로 요약하면 진리를 추구한 인생이다. 심지어 죽는 순간에도, 화형대로 나아가기 바로 전에도 강조한 것이 진리를 추구하라는 말이었다. "신실한 그리스도인들이여, 진리를 찾으라. 진리를 들으라. 진리를 배우라. 진리를 사랑하라. 진리를 말하라. 진리를 지키라. 죽기까지 진리를 수호하라. 그것은 진리가 너를 죄와 악마와 영혼의 죽음과 마침내 영원한 죽음으로부터 자유롭게 하기 때문이다."

그럼 얀 후스가 죽기까지 외쳤던 '진리'는 무엇인가? 우리가 찾고 듣고 말하고 지켜야 할 진리란 무엇인가? 죽기까지 수호해야 할 진리란 무엇인가?

이 질문에 사도 바울은 다음과 같이 대답한다. "그 안에서 너희도 진리의 말씀 곧 너희의 구원의 복음을 듣고 그 안에서 또한 믿어 약속의 성령으로 인치심을 받았으니"(엡 1:13).

우리가 구원 받아 하나님의 자녀로서 축복을 누릴 수 있는 것은 성령의 역사의 결과이다. 특히 성령이 우리 안에서 역사하사 우리로 하여금 복음을 진리로 알게 하시고, 복음을 믿게 하시어 우리가 구원에 이르게 되었음을 사도 바울은 강조한다. 만일 성령의 역사가 없었다면 우리 가운데 단 한 사람도 복음을 진리로 받아들이지 못했을 것이다.

이 대목에서 우리가 놓치지 말아야 할 것은 바로 '진리의 말씀'이 곧 '구원의 복음'이라는 사실이다("진리의 말씀 곧 너희의 구원의 복음을 듣고"). 즉, 진리는 복음이며 복음을 진리로 받아들이고 믿어야 구원의 길이 열리게 되는 것이다. 구원에는 다른 방도가 없다. 왜냐하면 진리는 속성상 하나이지 여러 개가 될 수 없기 때문이다. 진리는 유일한 것이고 절대적인 것이다. 그래서 복음은 절대 진리이다. 그 절대 진리인 복음에 목숨 건 사람이 얀 후스였고, 그리고 사도 바울이었던 것이다.

사도 바울은 그 절대 진리인 하나님의 복음을 위하여 택정함을 받았다고 롬 1:1에서 고백한다. 그리고 그 복음의 고백으로 써 내려간 편지가 바로 로마서이다. 로마서는 사도 바울이 한번도 방문해 보지 못한 로마 교회를 향해 보낸 편지이며, 오고 가는 사람들을 통해 들려오는 로마 교회의 소식을 듣고 기도하며 보낸 편지이다.

로마 교회를 향한 사도 바울의 기도는 다음과 같다. "먼저 내가 예수 그리스도로 말미암아 너희 모든 사람에 관하여 내 하나님께 감사함은 너희 믿음이 온 세상에 전파됨이로다, 내가 그의 아들의 복음 안에서 내 심령으로 섬기는 하나님이 나의 증인이 되시거니와 항상 내 기도에 쉬지 않고 너희를 말하며, 어떻게 하든지 이제 하나님의 뜻 안에서 너희에게로 나아갈 좋은 길 얻기를 구하노라"(롬 1:8-10).

사도 바울은 비록 한번도 방문해 보지 못했지만 로마 교회를 위해 쉬지 않고 항상 기도하였다. "항상 내 기도에 쉬지 않고 너희를 말하며." 그리고 기도할 때마다 먼저 하나님께 감사하였다. "내 하나님께 감사함은." 즉, 로마 교회를 향한 사도 바울의 기도도 '항상과 감사'의 기도였다. 사도 바울은 데살로니가 교회를 향해서도, 로마 교회를 향해서도 쉬지 않고 기도하였으며, 그 기도에는 늘 하나님께 대한 감사가 있었다. 이것이 바로 주님과 소통하며 응답 받는 기도의 모습이고 오늘 우리가 본 받아야 할 기도의 모습이다.

그럼 사도 바울이 감사한 이유는 무엇인가? 그 이유는 다름 아닌 '믿음'이다. "너희 믿음이 온 세상에 전파됨이로다." 사도 바울은 로마 교회가 믿음이 좋은 교회로 온 세상에 소문나 있음에 하나님께 감사드렸던 것이다. 그리고 그 감사함으로 로마 교회를 위해 기도할 때마다 사도 바울이 간구한 것은 '만남'이었다. "너희에게로 나아갈 좋은 길 얻기를 구하노라." 사도 바울은 어떻게 하든지 로마 교회를 방문하고 싶어 했다.

그럼 사도 바울은 왜 그리도 로마 교회를 방문하고 싶어 했는가? 이에 대한 해답이 롬 1:15에 있다. "그러므로 나는 할 수 있는대로 로마에 있는 너희에게도 복음 전하기를 원하노라"(롬 1:15).

사도 바울이 믿음이 좋기로 소문난 로마 교회를 그리도 간절히 방문하고 싶었던 이유는 바로 복음을 전하기 위해서이다. 이것이 이해가 되는가? 믿음이 좋은 교회에 복음을 전하기 원한다. 이는 앞뒤가 맞지 않는 논리의 충돌이다. 그래서 어떤 학자는 이 부분을 사도 바울이 로마 교회에 나오는 믿지 않는 사람을 대상으로 한 말이라고 추측한다. 하지만 롬 1:7을 보면 사도 바울은 분명히 편지의 수신 대상을 이렇게 밝히고 있다. "로마에서 하나님의 사랑하심을 받고 성도로 부르심을 받은 모든 자에게."

'잘 믿고 있는 성도들에게 복음을 전한다.' 이는 얼핏 보면 논리의 충돌 같다. 말이 안 되는 것 같지만 이 부분이 우리 신앙 생활에 있어 매우 중요하다. 주님과 소통하며, 주님의 음성을 듣는 주의 양이 되기 위해서는 이 논리의 충돌을 반드시 이해하고 깨달음을 얻어야 한다. 그렇게 하기 위해서는 최소한 다음 두가지의 질문에 대한 답을 찾아보아야 한다.

첫째, 사도 바울은 왜 믿음 좋은 교회에 복음 전하기를 원하였을까?

사도 바울은 로마 교회에 편지를 보내기 전, 10여 년 동안 여러 지역들을 다니며 교회를 개척하였으며, 성도들을 목양하며 복음을 가르쳐 왔다. 당시 로마제국 통치하에 이방 우상들을 섬기고 있던 갈라디아, 소아시아, 마케도니아, 그리고 아가야 지역에 바울은 복음을 들고 들어가 십자가에서 죽임 당한 유대 청년 예수가 하나님의 아들이자 온 세상의 메시아 되심을 증거하였고, 그 예수를 구주로 고백하는 성도들(주로 이방인 성도들)을 중심으로 교회를 개척해 나갔다.

제일 처음 선교를 나간 곳은 갈라디아 지역이다. 사도 바울은 갈라디아 지역을 순회하며 복음을 선포하고 교회를 세워 나갔다. 선포되는 복음 앞에 회심으로 응답하는 사람들을 보고, 사도 바울은 아마도 기쁨과 감격에 넘쳐 덩실덩실 춤을 추었을지도 모른다.

교회가 회심한 사람들의 믿음으로 세워지고 말씀으로 양육되며 모든 것이 다 순조롭게 진행되는 것 같아 보이자, 바울은 또 다른 선교지를 향한 부름에 순종함으로 나아갔을 것이다. 그런데 문제는 갈라디아 교회를 떠난 다음에 일어났다. 시간이 흘러 사도 바울의 귀에 들려온 소식은 갈라디아 성도들이 '다른 복음'을 듣고 있다는 청천벽력과 같은 소식이었다(갈 1:6). 함께 있을 때 그렇게 설명하고 또 설명한 복음, 오직 예수 그리스도의 십자가 복음만이 구원의 유일한 길임을 강조하고 또 강조했건만, 교회에 들어온 유대주의자들의 변질된 종교적 논리에 한 순간에 휩쓸려 버린 갈라디아 성도들의 소식에 바울은 적잖은 당혹감과 실망감을 감출 수 없었을 것이다. 아니 어쩌면 거룩한 분노가 마음 깊은 곳에서부터 올라왔는지도 모른다.

그래서 그는 우선 펜을 들어 갈라디아 지역에 있는 성도들에게 편지(갈라디아서)를 보내 복음이 무엇인지를 다시 설명하며, 그 복음의 본질은 바로 예수 그리스도이심을 강조하였다(갈 1:11-17). 복음의 유일성과 절대성은 그 어떤 것으로도 훼손될 수 없으며, 훼손되지도 않는다고 역설하였다(갈 1:8-9). 한 마디로, '다른 복음은 없다'라는 진리를 선포하며 강조하였다. "다른 복음은 없나니 다만 어떤 사람들이 너희를 교란하여 그리스도의 복음을 변하게 하려 함이라"(갈 1:7).

이때 사도 바울은 무엇을 깨달았을까? '복음은 믿지 않는 사람에게만 필요한 것이 아니라 믿는 사람에게도 여전히 반드시 필요하다.'

그렇기에 복음은 믿음 생활하는 자들에게도 계속해서 들려져야 한다. 초신자이건 신앙의 연륜이 오래된 자이건 복음을 계속 들어야 한다. 복음의 초심을 잃으면 신앙이 흔들리고 변질될 수 있다. 복음에는 졸업이 없다. 복음에 대한 중요성은 아무리 강조해도 지나치지 않는다. 바로 이 깨달음을 로마 교회 성도들에게 강조하였던 것이다. "나는 할 수 있는대로 로마에 있는 너희에게도 복음 전하기를 원하노라"(롬 1:15).

교회는 복음을 선포해야 하고 성도는 복음을 외쳐야 한다. 교회가 복음을 놓치면 유럽 교회처럼 이슬람 사원으로 변하거나 극장 또는 술집으로 전락하게 된다. 그리스도의 십자가 앞에서 다시 한번 깨어져야 할 사람들은 교회 밖이 아니라 교회 안에 존재하고 있음을 사도 바울은 강조하였던 것이다.

얼마 전 우리 나라 대법원 조찬 예배 때 말씀을 선포한 적이 있다. 처음 설교 부탁을 받았을 때 많은 부담이 있었다. 어떤 말씀을 전해야 하는가? 어떤 말씀이 대법원에 맞는가? 좀 고상하고 세련되며 품위 있는 설교를 할까? 기도하며 고민했다. 그런데 주님이 이끄신 말씀은 복음이었으며, 복음대로 살아내고 있는가? 였다.

한국 교계를 이끄셨던 한경직 목사님이 생존하실 때에, 다른 목사님들을 만나면 이렇게 인사하셨다고 한다. "예수 잘 믿으세요" 누구에게? 목사님들에게 하신 말씀이다. 이는 일반 성도뿐만 아니라 하나님의 부름 받은 종 목사들에게도 반드시 필요한 것이 예수님을 향한 올바른 믿음이라는 권면과 도전의 인사말이었다. 바로 이 인사말을 사도 바울은 믿음 좋기로 소문난 로마 성도들에게 전하였던 것이다.

지금 당신은 예수 잘 믿고 있는가? 복음에 합당하게 살아가고 있는 가? 이 질문에 대한 답이 주님의 음성을 듣는 그 신앙의 출발점이 될 것이다. 잊지 말라! 복음으로 변화되어야 할 사람은 바로 나이며, 크리스천이라 불리우는 우리들이다. 우리가 먼저 복음으로 변화될 때, 그때 우리의 자녀, 가정, 일터, 세상은 변화되기 시작할 것이다.

둘째, 그렇다면 복음이란 무엇인가? 사도 바울이 믿음 좋은 로마 교회에 전하고 싶어 했던 복음은 무엇인가?

"이 복음은 하나님이 선지자들을 통하여 그의 아들에 관하여 성경에 미리 약속하신 것이라. 그의 아들에 관하여 말하면 육신으로는 다윗의 혈통에서 나셨고, 성결의 영으로는 죽은 자들 가운데서 부활하사 능력으로 하나님의 아들로 선포되셨으니 곧 우리 주 예수 그리스도시니라"(롬 1:2-4).

사도 바울이 지금까지 증거해 온 복음, 그리고 이제 로마 교회에 전하고자 한 복음은 크게 네 가지로 요약될 수 있다.

첫째, 2절을 보면, 복음은 '하나님이 선지자들을 통해 성경에 미리 약속하신 것으로 하나님의 아들에 관한 것'이다.

구약 성경에 보면 하나님이 하나님의 아들에 관해 미리 약속하신 메시아 예언이 최소 200개가 있다. 바로 이 예언들이 예수님을 통해 온전히 성취된 것이 바로 복음이다. 다시 말해, 2000년 전 유대 청년 예수가 하나님의 아들 메시아라는 사실이 복음의 핵심이다. 왜냐하면 예수를 하나님의 아들 메시아 구주로 영접하면 영생의 구원을 받게 되기 때문이다.

둘째, 3절을 보면, 복음은 '하나님의 아들이 다윗의 후손으로 이 땅에 오신 것'이다.

'육신으로는 다윗의 혈통에서 나셨다'라는 것은 삼하 7장에 약속된 다윗의 언약이 예수님을 통해 온전히 이루어졌음을 의미한다. 다시 말해, 다윗의 후손 예수가 온 우주만물을 다스리시는 영원한 왕이시며, 만왕의 왕 만주의 주가 되심을 선포한 것이다. 이것이 복음의 본질이며 핵심이다. 우리가 믿는 예수님이 이 세상에서, 온 우주에서 제일 높은 지존자이시며, 최고의 권력을 가지신 주권자이시다. 그런 분이 우리의 구주이신데 무엇이 염려되고 무엇이 두려운가?

셋째, 3절 '육신으로는' 복음은 하나님의 아들이 인간의 몸으로 오신 것이며, 성육신 하신 것임을 증거한다.

그럼 하나님(신)이 인간이 되신 것이 왜 복음인가? "우리에게 있는 대제사장은 우리의 연약함을 동정하지 못하실 이가 아니요 모든 일에 우리와 똑같이 시험을 받으신 이로되 죄는 없으시니라"(히 4:15).

만약 하나님의 아들 예수님이 인간이 되지 않으셨다면, 우리 인간과 그 어떤 공감대가 형성되지 않았을 것이다. 예수님께 대한 신적 경외심은 있겠지만 인격적 친밀감을 갖기는 어려웠을 것이다. 예수님은 단지 저 하늘 보좌에 앉아 계신 분, 아주 멀리 계신 분, 아주 높이 계신 분으로만 느낄 수밖에 없었을 것이다. 그런데 하나님의 아들이 이 땅에 인간의 몸으로 오셨다. 가난한 목수의 아들로 온갖 시련과 고난과 고초를 겪으셨다. 굶기도 하시고 조롱과 핍박도 겪으셨다. 욕을 먹기고 했고, 배신도 당해 보셨다. 매를 맞고 고문도 당해 보셨다. 그리고 마침내 십자가에 못 박혀 죽으셨다.

그래서 예수님은 우리 인간의 사정을 너무나도 잘 알고 계신다. 우리의 부족함과 연약함을 체휼하시며 동정해 주신다. 본인이 몸소 체험해 보았기 때문에 우리의 아픔과 슬픔, 시련과 고난을 마음 속 깊이 공감하며 우릴 안아 주시고 위로해 주신다.

그 주님이 오늘도 우릴 향해 이렇게 선포하고 계신다. "수고하고 무거운 짐 진 자들아 다 내게로 오라 내가 너희를 쉬게 하리라"(마 11:28). 이것이 복음이다. 하나님의 아들이 이 땅에 인간으로 오신 것이 바로 복음이다.

넷째, 4절을 보면 복음은 '예수님이 십자가에서 죽으시고 부활하신 것'이다.

예수님께서 친히 십자가에 달려 물과 피를 다 쏟으시고 죽으심으로 우리의 죄값을 다 치러 주셨다. 우리('나')를 살리기 위해 죽으신 것이다. 이 얼마나 놀라운 복음인가? 이보다 더 귀한 복된 소식이 있는가? Yes. 있다. 그것은 바로 부활이다. 부활이야말로 복음 중의 복음이다. 만약 기독교 신앙에서 부활이 없다면 기독교는 빈 껍데기이며, 죽음으로 끝난다면 세상 종교와 다를 바 없다. 그래서 사도 바울은

'만일 부활이 없다면 그리스도께서 다시 살아나신 일도 거짓이요 그분을 믿는 우리들의 신앙도 허망한 것'이라고 말하였다.

지금 당신은 예수님의 부활을 믿고 있는가? 복음을 믿고 있는가?

비만으로 고생하는 사람이 '다이어트하기 위한 첫 단계는 자신이 뚱뚱하다는 사실을 인지해야 한다. 겸손해지는 첫 단계는 자신의 교만함을 인지하고 받아들여야 한다. 마찬가지로, 믿음으로 나아가는 첫 단계는 창조주이신 하나님의 존재를 인정하고, 그 아들 예수 그리스도의 삶, 죽음, 부활을 사실로, 실제로 일어난 일로 받아들여야 한다. 다시 말해, 하나님의 복음을 받아들이는 것, 그것이 참된 믿음의 출발점이다.

기억하라! 우리의 신앙이 복음 위에 바로 세워져야 주님의 음성을 듣는 주의 양이 될 수 있다. 왜냐하면 "너희도 그들 중에서 예수 그리스도의 것으로 부르심을 받은 자니라"(롬 1:6). 복음을 믿는 우리 모두는 예수 그리스도의 것으로 부르심을 받은 자들이다. 우리 모두는 예수 그리스도께 속한 사람들이다. 예수 그리스도께서 피로 값주고 사신 바 된 하나님의 백성이기에 주의 음성을 들을 수 있는 축복이 주어진 것이다.

사도 바울이 로마 교회를 위해 기도할 때마다 감사한 이유는 믿음이었고, 간구의 이유는 그들과의 만남이었다. 그리고 그 만남의 이유는 다름아닌 복음이었다. 로마 교회 성도들에게 복음이 필요했던 것은 그들이 믿지 않아서가 아니다. 오히려 믿음 안에서 올바로 제대로 성장하기 위해서 복음이 필요했던 것이다. 그래서 사도 바울은 교회가 늘 복음의 초심을 잃지 않고 그 복음 위에 신앙을 세워 가길 기도하였던 것이다.

이 사도 바울의 기도가 오늘 우리 모두의 삶에 응답 받게 되길 기도한다. 진리의 복음이신 주님을 만나 동행하며 주님의 음성을 듣는 우리 모두가 되길 소망한다.

'나의 기도'

나의 행복의 이유가
오직 그리스도이기를 원합니다
나의 자랑 생명도 그리스도
그 안에서 발견되기를

아무도 가르쳐 줄 수 없는
문제에 빠진 영혼을 바라보며
내 능력이 아닌 성령의 충만함으로
주님의 그 소원을 이뤄가게 하소서

이제 나의 간절한 기도와 소망은
내가 살아도 죽어도
오직 그리스도만 증거 되기 원하오니
모든 일에 주가 나를 붙드시고
인도하여 주소서

나의 행복의 이유가
오직 그리스도이기를 원합니다
나의 자랑 생명도 그리스도
그 안에서 발견되기를

문제가 기회가 될 수 있는 하나님
자녀 그 비밀을 가지고
내 지혜가 아닌 성령의 이끄심으로
주님의 그 나라를 이뤄가게 하소서

이제 나의 간절한 기도와 소망은
내가 살아도 죽어도
오직 그리스도만 증거 되기 원하오니
모든 일에 주가 나를 붙드시고
인도하여 주소서

116

4장

성령의
도우심의 역사

그뿐 아니라 또한 우리 곧 성령의 처음 익은 열매를 받은 우리까지도 속으로 탄식하여 양자 될 것 곧 우리 몸의 속량을 기다리느니라. 우리가 소망으로 구원을 얻었으매 보이는 소망이 소망이 아니니 보는 것을 누가 바라리요. 만일 우리가 보지 못하는 것을 바라면 참음으로 기다릴지니라. 이와 같이 성령도 우리의 연약함을 도우시나니 우리는 마땅히 기도할 바를 알지 못하나 오직 성령이 말할 수 없는 탄식으로 우리를 위하여 친히 간구하시느니라. 마음을 살피시는 이가 성령의 생각을 아시나니 이는 성령이 하나님의 뜻대로 성도를 위하여 간구하심이니라 (롬 8:23-27).

오늘도 우리가 살아 있음에, 호흡할 수 있음에 감사해야 한다. 살아 있기 때문에 하나님께 예배드릴 수 있는 기회가 있는 것이고, 숨 쉬고 공기를 마실 수 있는 것도 새날을 허락하셨기에 가능한 것이다. 영적인 세계에서도 마찬가지이다. 우리는 매 순간 숨 쉬듯이 성령님을 호흡하면서 살아가고 있다. 성령님이 없이는 우리의 영적 생명을 부지할 수 없다. 신선한 공기를 호흡하는 사람이 건강하듯이, 성령님의 인도하심 가운데서 살아가는 성도는 영적으로 건강을 유지할 수 있다. 그래서 오늘 말씀 속, 사도 바울은 우리의 신앙 생활이 성령께서 이끄시는 삶이 되어야 함을 촉구한다. 특히 우리의 기도가 성령의 간구가 되어야 함을 강조하고 있다.

우리의 기도가 인간의 기도가 아니라 성령의 간구가 되기 위해서는 먼저 '우리가 누구인가'에 대한 분명한 인식이 필요하다. 다시 말해, 기도의 출발점은 내가 누구인가를 아는 것으로부터 출발한다. "그뿐 아니라 또한 우리 곧 성령의 처음 익은 열매를 받은 우리까지도 속으로 탄식하여 양자 될 것 곧 우리 몸의 속량을 기다리느니라"(롬 8:23). 우리 믿는 자들은 '**성령의 처음 익은 열매를 받은 자**'들이다. 그래서 우리의 기도가 성령의 간구가 되어야 하는 것이다.

그럼 우리가 받은 '성령의 첫 열매'란 무엇인가?

롬 8:23을 원어로 보면 '성령'과 '첫 열매'는 동격이다. 즉, '성령이라는 첫 열매' 또는 '첫 열매로서의 성령'이라는 의미를 내포하고 있다. 이로 볼 때, '성령의 첫 열매를 받았다'라는 것은 우리가 성령을 받아 소유하고 있음을 의미한다. 다시 말해, 우리가 구원받을 때 하나님으로부터 받은 첫 선물이 바로 성령임을 시사하고 있다.

그렇다면 바울은 왜 성령을 '첫 열매'라고 표현하였는가? 그 이유는 바로 성령이 이 땅에 강림하신 때가 한 해의 첫 열매를 기념하는 칠칠절 또는 오순절(행 2:1-4)이었기 때문이다. 따라서 우리가 '성령의 첫 열매를 받은 자'라는 그 정체성을 이해하기 위해서는 오순절 날 무슨 일이 있었는지를 알아야 한다.

행 2장을 보면, 2000년 전 오순절 날 다락방에 모여 기도하던 120명 위에 성령이 강림하셨다. 그 성령 강림 사건을 요약하면(행 2:2-4), 급하고 강한 바람 같은 소리가 온 집안을 가득 채웠다. 그리고 불같은 혀들이 갈라져 각 사람 위에 임하였다. 그러자 방 안에 있던 120명 모두가 성령 충만함을 받고 서로 다른 방언을 하였다.

이때 성령의 충만함을 받은 120명에게 어떤 일이 일어났을까? 단지 방언뿐이었을까? 사람들은 일반적으로 오순절 날 성령 강림 사건을 생각할 때, 주로 외적인 현상에 관심을 갖는다. '급하고 강한 바람 소리', '불같은 혀들이 갈라짐' 등 초자연적이고 신비한 일들에 초점을 맞춘다. 그러나 진정한 성령 강림의 역사는 마음 내부에서 일어난다. "여호와께서 이르시되 너는 나가서 여호와 앞에서 산에 서라 하시더니 여호와께서 지나가시는데 여호와 앞에 크고 강한 바람이 산을 가르고 바위를 부수나 바람 가운데에 여호와께서 계시지 아니하며 바람 후에 지진이 있으나 지진 가운데에도 여호와께서 계시지 아니하며 또 지진 후에 불이 있으나 불 가운데에도 여호와께서 계시지 아니하더니 불 후에 세미한 소리가 있는지라"(왕상 19:11-12).

북이스라엘의 왕 아합의 처 이세벨의 위협을 피하여 호렙산의 굴에 숨어있던 선지자 엘리야에게 하나님께서 현현하시어 말씀하셨다. 이때 엘리야는 하나님께서 '바람, 지진, 불' 속에 계시지 아니하고 '미세한 음성' 가운데에 계신다는 사실을 깨달았다. '크고 강한 바람'과

'지진'과 '불'은 모두 다 하나님이 현현하실 때 수반되는 현상이지 그 자체가 하나님의 존재를 의미하지는 않음을 비로소 깨달았던 것이다.

엘리야는 하나님의 능력 있는 종으로서 죽은 아이를 살리고, 불로 제물을 사르며, 비를 내리게 하는 등 크고 기이한 이적들을 수없이 행하였다. 그럼에도 북이스라엘 백성들은 회개하지 않았고 오히려 지금 엘리야 자신은 이세벨에게 쫓기는 신세가 되어 있었다. 이러한 엘리야에게 하나님께서 세미한 음성 가운데 임하신 것은 사람을 진정으로 변화시키는 것은 이적과 같은 외적인 현상이 아니라 바로 하나님의 말씀이라는 사실을 잘 보여준다. 하나님께서는 말씀으로 존재하신다. 바로 이 사실을 엘리야는 세미한 음성을 듣는 가운데 깨달았던 것이다.

오순절 날 일어난 급하고 강한 바람 소리, 불같은 혀들이 갈라지는 것, 그것은 엘리야의 경우처럼 성령 강림의 본질이 아니다. 성령께서 임하셨음의 본질은 마음 속에서 일어난다. 왜냐하면 하나님의 음성을 듣는 것은 육신의 귀가 아니라 마음의 귀, 영의 귀이기 때문이다. 그러므로 우리의 기도가 하나님과 소통하는 영적 대화가 되기 위해선 성령이 임한 마음의 기도, 즉, 성령 안에서의 기도가 되어야 한다.

그럼 오순절 날 성령이 임한 120명, 그들 마음 안에 어떤 일이 일어났는가? 성령이 임재한 마음이란 무엇인가? 이에 대해 세 구절의 성경 말씀을 통해 그 답을 구하고자 한다.

첫 번째 말씀

"그 날에는 내가 아버지 안에, 너희가 내 안에, 내가 너희 안에 있는 것을 너희가 알리라"(요 14:20).

예수님은 십자가를 지시기 전날 밤, 마가의 다락방(오순절 날 성령이 강림하신 다락방)에서 제자들을 향해 "너희가 알리라"라고 말씀하셨다. 그럼 제자들이 무엇을 알게 된다는 것인가? "내가 아버지 안에, 너희가 내 안에, 내가 너희 안에 있는 것을." 이 말씀을 하시고 몇 시간 뒤, 예수님은 십자가에 달려 죽으셨다. 그리고 3일 만에 부활하시고 그 후 40일 뒤에 하늘로 승천하셨다.

이 사실 앞에 던지는 질문은 '너희가 내 안에 내가 너희 안에 있는 것'이란 무엇을 의미하는 것인가? 예수님은 이제 곧 죽으시고 부활하시어 하늘로 올라가시는데 어떻게 '너희가 내 안에, 내가 너희 안에 있을 수 있는가?' 예수님이 말씀하신 것은 예수님과 우리 믿는 자들 간의 영적 연합을 의미한다. 신과 인간이 하나가 되는 신비적 연합에 대한 약속을 주셨던 것이다.

그럼 언제 그 약속이 이루어지는가? "그 날에." 그 날이 바로 성령이 강림하신 오순절 날이다. 주님의 말씀대로, 오순절날 성령을 받은 120명의 제자들 마음 가운데 주님과 하나되는, 연합되는 놀라운 역사가 일어났던 것이다. 예수님과 하나 됨으로 하나님 안에 거하게 되는 영적 축복이 주어졌던 것이다. 이것이 소위 말하는 성령 세례의 본질이다.

이를 체험한 자는 이렇게 고백한다. "그런즉 이제는 내가 산 것이 아니요 오직 내 안에 그리스도께서 사신 것이라"(갈 2:20). "내게 사는 것이 그리스도니 죽는 것도 유익함이라"(빌 1:21). 바로 이 고백의 마음으로 드리는 기도가 성령의 간구이며, 주님의 음성을 듣는 기도이다.

그럼 성령의 내주하심으로 예수님과 연합하면 어떤 일이 일어나는가? 이에 대해 두 번째로 살펴 볼 말씀이 그 답을 주고 있다.

두 번째 말씀

"그러므로 우리가 그의 죽으심과 합하여 세례를 받음으로 그와 함께 장사되었나니 이는 아버지의 영광으로 말미암아 그리스도를 죽은 자 가운데서 살리심과 같이 우리로 또한 새 생명 가운데서 행하게 하려 함이라"(롬 6:4).

성령을 받은 성도들은 예수님과 하나가 되어 연합하게 되면 먼저 죽어야 한다. "우리가 그의 죽으심과 합하여 세례를 받음으로 그와 함께 장사되었나니." 예수님이 십자가에 달려 죽으셨듯이 우리 또한 반드시 죽어야 한다.

그럼 우리 믿는 자들이 '예수님과 함께 장사되었다', '십자가에서 죽었다'는 것은 무슨 의미인가?

첫째, 죄에 대한 죽음이다.

이제 더 이상 죄의 종노릇 하지 않게 되었음을 의미한다. 그러므로 죄를 분별하고 악은 그 모양이라도 멀리하는 삶을 살아가야 한다.

둘째, 세상에 대한 죽음이다.

더 이상 세상에 속하지 않아야 한다. 비록 세상 가운데서 살아가고 있지만 그 세상에 속하지 않는 거룩하고 구별되는 삶, 누구나 인정하는 성도의 삶을 살아가야 한다.

셋째, 옛사람에 대한 죽음이다.

과거의 죄악 된 습관들을 버리고 이제 새 사람의 인생을 살아가게 되었음을 의미한다. 이는 한마디로 예수 그리스도 안에서 '새로운 피조물'이 되었음을 공표하는 것이다. 그것이 바로 예수님과 함께 장사되었다는 의미이다.

그런데 여기서 반드시 주목해야 될 것은, 성령의 임하심(성령 받음)은 죽음으로 끝나지 않는다는 점이다. 주님과 함께 장사됨은 반드시 주님과 함께 부활로 이어지게 되어 있다. "이는 아버지의 영광으로 말미암아 그리스도를 죽은 자 가운데서 살리심과 같이 우리로 또한 새 생명 가운데서 행하게 하려 함이라."

할렐루야! 우리는 죄로 인해 이미 죽은 목숨이다. 그런데 하나님이 살려주셨다. 주님의 십자가 은혜로 '죄, 세상, 옛사람'에 대해 죽고 '새 생명'의 구원을 받았다. 이것이 바로 성령이 내주하실 때 일어나는 영적 축복이자 우리 기도의 능력이 된다. 우리 기도의 능력은 예수 그리스도의 십자가를 붙잡는 것이다.

세 번째 말씀

"우리가 유대인이나 헬라인이나 종이나 자유인이나 다 한 성령으로 세례를 받아 한 몸이 되었고 또 다 한 성령을 마시게 하셨느니라" (고전 12:13).

이는 성령 받은 모든 성도들은 성령 안에서 한 몸을 이루게 됨을 의미한다. 즉, 성도들이 하나가 되어 교회 공동체를 세워가는 역사가 일어나게 됨을 의미한다. 앞서 살펴 본 요 14:20과 롬 6:4은 성도들이 어떻게 하면 주님과 연합하여 하나님 안으로 들어갈 수 있는가를 보여주었다. 그리고 이제 고전 12:13은 주님과 연합된 성도들이 성령의 역사로 말미암아 교회를 세워가게 될 것을 계시하고 있는 것이다.

이것이 바로 성령을 받은 성도들이 만들어가는 생명력이 넘쳐나는 선교적 교회의 본질이다. 그런데 안타깝게도, 오늘날 교회가 이 본질을 점점 잃어버리고 있다. 교회는 다니는데 주님 안에 온전히 거하지 못하며, 주님과 하나가 되지 못하는 성도들이 점점 많아지고 있다. 주의 음성을 듣지 못하는 주의 양들이 점점 많아지고 있다. 그래서 일찌감치 종교 개혁가 마틴 루터는 다음과 같이 경고하며 촉구하였던 것이다. **"개혁된 교회는 계속해서 개혁되어야 한다."**

우리 모두는 **'성령의 첫 열매를 받은 존재'**들이다. 성령으로 예수님과 하나 되어 하나님 안에 거하며, 예수님과 함께 죽고 예수님과 함께 사는 존재들이다. 그리고 다른 성도들과도 하나로 연합되어 성령이 역사하는 교회를 세워가는 존재들이다. 이때 반드시 필요한 것이 기도이고, 그리고 그 기도는 우리 안에 계신 성령님의 기도가 되어야 함을 사도 바울은 강조하였던 것이다. "이와 같이 성령도 우리의 연약함을 도우시나니 우리는 마땅히 기도할 바를 알지 못하나 오직 성령이 말할 수 없는 탄식으로 우리를 위하여 친히 간구하시느니라, 마음을 살피시는 이가 성령의 생각을 아시나니 이는 성령이 하나님의 뜻대로 성도를 위하여 간구하심이니라"(롬 8:26-27).

이는 우리가 비록 성령을 받았다 하여도 성령의 도우심이 없으면 올바른 기도를 할 수 없음을 시사한다. 다시 말해, 성령의 도움과 인도가 없다면 우리는 하나님의 응답을 받을 수 없는 연약한 존재에 불과한 것이다. 그래서 엡 6:18은 오늘도 우릴 향해 다음과 같이 권면하고 있다. "모든 기도와 간구를 하되 항상 성령 안에서 기도하라." 우리의 기도가 반드시 성령 안에서의 기도, 성령의 간구가 되어야 하는 그 근본적인 이유는 바로 성령께서 우리의 연약함을 아시고 우리를 도우시기 때문이다.

그럼 우리의 연약함이란 무엇을 말하는가? 그 연약함이란 "우리가 마땅히 기도할 바를 알지 못한다"이다. 그럼 우리는 왜 우리가 마땅히 기도할 바를 알지 못하는가? 이에 대해 성경학자 바클레이(W. Barclay)는 다음 두 가지 이유를 제시하고 있다.

첫째, 우리는 영적으로 무지하여 미래를 내다볼 수 없기 때문이다. 우리는 한치 앞도 내다보지 못하는 무력한 존재이다. 그래서 무엇을 어떻게 구해야 할지 올바로 기도할 수 없는 것이다.

둘째, 주어진 상황과 환경 아래서 우리에게 무엇이 가장 유익한 것인지를 분별할 수 없기 때문이다.

만약 당신의 아이가 전혀 도움이 되지 않는 것, 자신을 해롭게 하는 것을 사달라고 졸라대면 어떻게 하는가? 하나님도 마찬가지이시다. 하나님도 자신의 자녀들의 잘못된 요구를 거절하시든지 아니면 올바른 요구를 하도록 설득하신다. 그 역할을 감당하시는 것이 바로 성령님이시다. 그래서 예수님은 성령이 우리를 주의 뜻에 맞는 길로 가도록 인도해 주실 것 이라고 약속하셨다. "보혜사 곧 아버지께서 내 이름으로 보내실 성령 그가 너희에게 모든 것을 가르치시고 내가 너희에게 말한 모든 것을 생각나게 하시리라"(요 14:26).

우리는 기도의 필요성과 중요성은 충분히 인식하고 있다. 그러나 하나님의 뜻과 계획에 따라 기도할 영적 지혜와 능력이 부족하다. 그래서 성령의 인도하심이 반드시 필요한 것이다. 보혜사 성령께서 도와주시면 능치 못할 일이 없다. 아무리 어려운 시련과 고난이 닥쳐와도 넉넉히 이겨낼 수 있다.

그럼 성령님은 우리를 어떻게 인도하시는가? 이에 대해 사도 바울은 앞서 언급한 8:26-27에서 다음 두가지를 제시하고 있다.

첫째, "성령이 말할 수 없는 탄식으로 우리를 위하여 친히 간구하시느니라"(롬 8:26).

이는 성령의 중보를 의미한다. 성령 하나님은 중보를 통해 우릴 인도하신다. 특히 말할 수 없는 탄식으로 우릴 위해 애통해 하시며 성부 하나님께 탄원하고 계신다. 그 성령의 중보는 한두 번 하고 마는 것이 아니다. '간구하시느니라'는 문법상 계속과 반복을 나타내는 현재 직설법이다. 이는 성령이 어제나 오늘이나 항상 변함없이 우리를 위해 간구하고 계심을 보여준다.

오늘도 성령께서는 우리 모두에게 기도할 수 있도록 동기를 부여하며, 힘과 지혜를 주신다. 그래서 성령께서 도우시는 기도는 마음에서 기도가 샘물처럼 솟아 흐른다. 이러한 기도 속에는 성령의 충만함이 있다. 그리고 성령의 역사와 더불어 성령의 기름 부으심이 일어난다.

둘째, "성령이 하나님의 뜻대로 성도를 위하여 간구하심이니라"(롬 8:27).

성령은 하나님의 영으로 하나님의 깊은 것이라도 알고 계시기 때문에 무엇을 어떻게 기도해야 할지 정확하게 알고 계신다. 다시 말해, 기도는 내가 원하는 것, 내가 하고 싶은 것을 간구하는 것이 아니다. 기도란 하나님의 뜻에 나를 맞추는 것이다. 바로 이를 목적으로 성령은 우리를 위하여 간구하고 계시는 것이다. 이 대목에서 다시 한 번 강조하는 것은 성령 안에서 드리는 기도만이 하나님께 열납된다는 사실이다. 그래서 성령을 근심하게 하지 말고, 성령을 소멸치 말라고 성경은 오늘도 신신 당부하고 있다(엡 4:30; 살전 5:19).

영국 런던의 '웨스트 민스트 채플'을 마틴 로이드 존스 목사님 후임으로 섬기셨던 R.T. 켄달 목사님이 쓰신 「거룩한 불」이라는 책을 보면 다음과 같은 예화가 나온다.

'선교사인 샌디와 버니스 부부는 이스라엘로 파송되어 예루살렘 근처에 집을 얻었다. 그런데 그 집 처마 밑에 비둘기 한 마리가 살고 있는 것을 발견했다. 예루살렘으로 파송된 것 그리고 성령님을 상징하는 비둘기가 함께 한다는 것은 그들에게 특별한 기쁨이자 영광이었다. 그런데 어느 날 비둘기의 행동 패턴에 특이한 점을 발견하게 된다. 문이 '꽝'하고 닫힌다거나, 집안에서 시끄러운 소리, 또는 언성을 높이는 소리가 날 때마다 비둘기는 불안해하거나 어디론가 날아갔다가 한참 뒤에서야 돌아왔다. 이를 통해 그들이 깨달은 사실은 비둘기는 참으로 예민한 새라는 것과, 성령님은 비둘기보다 수천, 수만 배 더 민감하신 하나님의 영이시라는 사실이었다.'

그러므로 우리 믿는 성도들은 늘 깨어 있어 삼가 조심하며 성령을 근심하게 하면 안 된다. 오늘 우리 가운데 비둘기 같이 임하신 성령께서 불안해하거나 탄식하지 않으시도록, 성령의 불이 소멸되지 않도록 매사에 삼가 조심해야 한다. 그래야 우리의 기도가 성령의 간구가 되어 주님의 응답을 듣는 축복을 누리게 될 것이다.

오늘 우리 또한 성령의 첫 열매 받은 자이며, 성령께서 우리 안에 영원히 내주하고 계신다. 그 내주하고 계시는 성령은 오늘도 우리 모두를 위해 간구하고 계시며, 하나님께 애통하는 마음으로 중보하고 계신다. 이러한 성령의 간구를 듣는 자의 기도는 하늘 문을 열게 될 것이고, 기도 응답의 축복을 받게 될 것이다.

'성령 하나님! 우리의 마음을 만져 주옵소서. 영의 눈을 열어 주님을 보게 하시고 영의 귀를 열어 주님의 음성을 듣게 하소서.' 아멘!

'오늘 집을 나서기 전 기도 했나요'

오늘 집을 나서기 전 기도 했나요
오늘 받을 은총 위해 기도 했나요
기도는 우리의 안식 빛으로 인도하리
앞이 캄캄할 때 기도 잊지 마세요

맘에 분이 가득 찰 때 기도 했나요
나의 앞길 막는 친구 용서 했나요
기도는 우리의 안식 빛으로 인도하리
앞이 캄캄할 때 기도 잊지 마세요

어려운 시험 닥칠 때 기도 했나요
주가 함께 당하시면 능히 이기리
기도는 우리의 안식 빛으로 인도하리
앞이 캄캄할 때 기도 잊지 마세요

나의 일생 다가도록 기도 하리라
주께 맡긴 나의 생애 영원 하리라
기도는 우리의 안식 빛으로 인도하리
앞이 캄캄할 때 기도 잊지 마세요

5장

성령의 지혜와
계시

내가 기도할 때에 기억하며 너희로 말미암아 감사하기를 그치지 아니하고, 우리 주 예수 그리스도의 하나님, 영광의 아버지께서 지혜와 계시의 영을 너희에게 주사 하나님을 알게 하시고, 너희 마음의 눈을 밝히사 그의 부르심의 소망이 무엇이며 성도 안에서 그 기업의 영광의 풍성함이 무엇이며, 그의 힘의 위력으로 역사하심을 따라 믿는 우리에게 베푸신 능력의 지극히 크심이 어떠한 것을 너희로 알게 하시기를 구하노라. 그의 능력이 그리스도 안에서 역사하사 죽은 자들 가운데서 다시 살리시고 하늘에서 자기의 오른편에 앉히사, 모든 통치와 권세와 능력과 주권과 이 세상뿐 아니라 오는 세상에 일컫는 모든 이름 위에 뛰어나게 하시고, 또 만물을 그의 발 아래에 복종하게 하시고 그를 만물 위에 교회의 머리로 삼으셨느니라. 교회는 그의 몸이니 만물 안에서 만물을 충만하게 하시는 이의 충만함이니라 (엡 1:16-23).

하나님의 음성을 듣는 가장 기본적인 통로는 성경 말씀, 우리 내면, 그리고 환경 또는 상황이다. 그리고 그 하나님의 음성을 분별하는 능력은 기도와 말씀 묵상을 통해 주어진다. 따라서 성도라면 그 누구도 예외 없이 말씀묵상(큐티)과 기도에 전념해야 한다. 기도와 말씀은 교회가 하나님의 뜻대로 세워져 감에 있어 반드시 필요한 두 영적 기둥이다.

성경을 보면 사도 바울은 그 누구보다도 기도의 중요성과 필요성을 잘 알고 있었고, 선교 현장에서 기도의 능력을 경험했던 목회자이자 선교사이며, 신학자이자 사도였다.

그래서 사도 바울은 성도들을 향해 "쉬지 말고 기도하라"(살전 5: 17), "기도에 감사함으로 깨어 있으라"(골 4:2)라고 권면하였던 것이다. 그런데 사도 바울은 성도들에게 기도하라고 말만 한 것이 아니라, 바울 자신도 기도에 전념으로 깨어 있었다. 교회를 위해 항상 기도하며 그 기도의 시작은 늘 감사였다. "내가 기도할 때에 기억하며 너희로 말미암아 감사하기를 그치지 아니하고"(엡 1:16), 이렇듯 하나님과 소통하는 기도는 늘 감사로 시작된다.

사도 바울이 하나님께 감사하며 에베소 교회를 위해 중보한 기도의 핵심은 다음과 같다. "우리 주 예수 그리스도의 하나님, 영광의 아버지께서 지혜와 계시의 영을 너희에게 주사 하나님을 알게 하시고 우리 주 예수 그리스도의 하나님, 영광의 아버지께서 지혜와 계시의 영을 너희에게 주사 하나님을 알게 하시고, 너희 마음의 눈을 밝히사 그의 부르심의 소망이 무엇이며 성도 안에서 그 기업의 영광의 풍성함이 무엇이며, 그의 힘의 위력으로 역사하심을 따라 믿는 우리에게 베푸신 능력의 지극히 크심이 어떠한 것을 너희로 알게 하시기를 구하노라"(엡 1:17-19).

사도 바울은 에베소 성도들을 위해 기도하면서 먼저 하나님이 그들에게 '지혜와 계시의 영'을 부어주시길 간구하였다. 여기서 '지혜와 계시의 영'은 성령을 지칭한다. 즉 성령의 지혜와 계시가 에베소 교회 위에 임하길 간구하였던 것이다.

그럼 왜 사도 바울은 제일 먼저 성령의 지혜와 계시가 임하길 간구하였을까? 이에 대해 고전 2:11은 다음과 같이 설명하고 있다. "사람의 일을 사람의 속에 있는 영 외에 누가 알리요 이와 같이 하나님의 일도 하나님의 영 외에는 아무도 알지 못하느니라." 그래서 사도 바울은 하나님의 모든 것을 알고 계시는 하나님의 영, 성령의 지혜와 계시가 성도들에게 임해 그들로 하여금 하나님을 알게 해 달라고 기도하였던 것이다("하나님을 알게 하시고"). 다시 말해, 하나님을 알기 위해서는 성령의 도움이 절대적으로 필요하다.

그렇다면 사도 바울이 간구한 '하나님을 아는 것'이란 무엇인가? 세상 민족 중에 하나님을 제일 잘 아는 민족은 어느 민족일까? 하나님의 택한 민족 이스라엘인가? 출 32장을 보면, 모세가 시내산에서 하나님의 십계명을 받고 있을 때, 산 아래에서 이스라엘 백성들은 금송아지를 만들어 숭배하고 있었다. 그 금송아지가 자신들을 애굽(이집트)에서 구원해 내신 하나님이라 부르며 예배하였다. 이 얼마나 어리석고도 참담한 모습이 아니겠는가? 이스라엘 백성은 하나님이 애굽에서 행하신 열 가지 재앙과 홍해가 갈라지는 기적, 마라의 쓴 물이 단물로 바뀌는 기적, 그리고 만나와 메추라기 기적 등을 직접 경험했던 민족이다. 그럼에도 불구하고 그들은 하나님을 몰랐다. 단지 하나님에 대해서만 알았지 하나님은 몰랐던 것이다.

그럼 하나님을 제대로 올바로 아는 것이란 무엇인가? 사도 바울이 간구한 '하나님을 알게 하시고'의 '안다'는 단어는 단순히 정보적, 지식적 앎을 가리키는 것이 아니다. 올바른 정보와 지식적 앎을 바탕으로 인격적 관계의 친밀함을 더해가는 앎을 의미한다. 당신은 현재 대한민국의 대통령이 누구인지 아는가? 그렇다면 그 대통령을 직접 만나 대화해 본 경험이 있는가? 바로 이런 차이이다.

'하나님을 안다'는 것은 우선 성경 말씀 속에 계시되어 있는 하나님을 올바로 아는 것이 선결되어진다(정보적 지식적 앎: about God). 그리고 그 지식적으로 알게 된 하나님을 인격적으로 만나 관계를 맺고 동행하는 삶을 살아가는 것, 그것이 바로 하나님을 아는 것이다. 이렇게 하나님을 알아가는 것이 우리 믿는 자들의 본질적 기도 제목이자 인생의 목표가 되어야 한다. 왜냐하면 하나님을 아는 것은 곧 영생(구원)이기 때문이다. "영생은 곧 유일하신 참 하나님과 그가 보내신 자 예수 그리스도를 아는 것이니이다"(요 17:3).

다시 말해 우리 신앙의 본질은 하나님과 예수님을 알아가는 것이다. 하나님과 친밀한 인격적 교제로 나아가는 것, 그것이 바로 우리 구원의 여정이고 주님의 음성을 듣는 길이다. 그래서 사도 바울은 에베소 성도들이 하나님을 알게 되기를 기도하였던 것이다. 하나님과 24시간 동행하는 삶을 사신 프랭크 루박 선교사님은 늘 다음과 같이 몸부림치셨다. **"어떻게 하면 잠들 때 그 분의 품 안에서 잠들고, 그 분의 임재 안에서 깨어날 수 있을까?"**

그럼 하나님을 아는 것을 어떻게 증명할 수 있는가? 다시 말해, 하나님을 아는 성도의 삶이란 어떤 삶이 되어야 하는가?

이에 대한 해답이 엡 1:18-19 말씀 가운데 제시되어 있다. "너희 마음의 눈을 밝히사 그의 부르심의 소망이 무엇이며 성도 안에서 그 기업의 영광의 풍성함이 무엇이며, 그의 힘의 위력으로 역사하심을 따라 믿는 우리에게 베푸신 능력의 지극히 크심이 어떠한 것을 너희로 알게 하시기를 구하노라."

사도 바울은 하나님께서 '성령의 지혜와 계시의 빛'을 밝혀 주심으로 ("너희 마음의 눈을 밝히사"), 즉, 성령의 조명하심으로 에베소 성도를 포함한 우리 믿는 자들의 영안이 열려 다음 세 가지를 알게 되기를 기도하였다: ①하나님의 부르심의 소망, ②하나님의 기업의 영광의 풍성함, ③우리를 위해 베푸신 하나님의 지극히 크신 권능.

첫 번째로,

사도 바울은 에베소 성도들이 '하나님의 부르심의 소망'이 무엇인지를 알게 되기를 기도하였다. 하나님께서 우리를 부르신 데에는 그에 상응하는 소망이 있기 때문이다.

그럼 '하나님의 부르심'이란 어디에서 어디로의 부르심인가? 이를 알아야 그에 상응하는 소망이 무엇인지를 알 수 있는 것이 아닌가?

지금 당신(인생 또는 존재)은 어디에서 와서 어디로 가고 있는지 알고 있는가? 이 질문은 인류 역사 가운데 계속해서 던져져 온 질문이며, 철학적 고뇌 중의 하나이다. 이에 대해 성경은 이 세상의 삶을 나그네의 삶에 비유하며 성도는 '이곳'이 아닌 '저곳' 곧 하늘 본향을 향해 나아가는 사람들임을 강조한다. 이는 한마디로 '여기가 본향이 아니다'라는 말이다.

우리 믿는 자 모두는 여기(세상)로부터 하나님의 부르심을 받았다. 그러나 우리가 바라보아야 할 곳, 즉 소망은 여기가 아니다. 여기서 좀 더 나은 여기가 아닌 것이다(not here to better here). 우리가 소망을 두어야 할 곳은 바로 '저기' 하늘 본향이다. 이를 깨달아 알게 되길 사도 바울은 기도하였던 것이다.

이 대목에서 잊지 말아야 할 것은 '여기서 저기로', 다시 말해 '하늘 본향'으로 나아가는 길은 생명의 길이자, 십자가의 길이라는 사실이다. 하나님이 우리를 부르시는 그 생명의 길은 시련과 고난이 있는 길이다. 내려놓음과 비움의 길이며, 양보와 손해와 희생이 따르는 길이다. 그래서 때론 힘들고 아프고 속상하고 눈물이 나는 것이다.

혹시 쌍무지개를 본적이 있는가? 쌍무지개의 아름다움은 무지개 마지막 색인 보라색 띠의 어두운 곳에 생기는 그림자(Rainbow Shadow)로 인해 만들어진다고 한다. 참으로 역설적이다. 어둠의 그림자로 인해 아름다움의 빛이 발하게 되는 것, 이는 우리의 인생 가운데도 종종, 자주 일어난다. 다시 말해, 우리 인생에도 어두운 그림자(Life Shadow)가 있다. 그 어두운 그림자, 즉 인생의 시련과 고난의 아픔, 십자가의 눈물이 역설적이게도 우리 인생의 가치를 더욱 빛나게 만드는 희망의 그림자(Hope Shadow)가 될 수 있다. 언제?

우리가 주 예수 그리스도안에 거할 때, 인생의 어두운 그림자는 아름다운 소망의 그림자로 변하게 된다. 왜냐하면 그리스도 안에 있으면 '환난은 인내를, 인내는 연단을, 연단은 궁극적으로 우리를 소망'으로 인도하기 때문이다.

두 번째로,

에베소 성도들이 하나님을 알아 마음의 눈이 밝아져 깨닫게 되기를 간구한 것은 '하나님의 기업의 영광의 풍성함'이다.

여기서 "하나님의 기업"이란 하나님의 소유된 기업을 의미한다. 즉, 구약에서는 '이스라엘', 신약에서는 '교회'가 하나님의 기업이다. 따라서 '하나님의 기업의 영광의 풍성함'이란 우리가 하나님의 기업인 성도로서 날마다 기쁨과 찬양의 충만함이 넘쳐나는 삶을 살아가는 것을 의미한다. 다시 말해 오늘보단 내일이 더 영적으로 풍성해지는 성령의 역사가 일어나, 날마다 새사람이 되는 변화를 경험하는 충만함을 의미한다.

물리학에서 열역학 제1법칙은 에너지 보존 법칙이다. 그럼 열역학 제2법칙이 무엇인지 아는가? '엔트로피'(Entropy) 법칙이다. 이 법칙은 한마디로 우주의 모든 사물이 시간의 흐름에 따라 질서에서 무질서로, 쓸모 있는 데서 쓸모없는 데로 변화되어져 감을 증명한다. 이는 당연한 법칙이다. 시간의 흐름에 따라 이 세상 모든 것들은 낡아지고, 허물어지고, 없어지는 것이 우주의 법칙이자 자연의 순리이기 때문이다. 그런데 이 법칙을 주장하며 연구하던 루트비히 볼츠만이라는 과학자는 몇십억 년 후에는 암울한 우주의 미래가 있을 뿐이라고 주장하며 비관하다가 결국 우울증에 빠져 자살하였다.

그러나 성경의 법칙은 '새 하늘과 새 땅'의 법칙이다. 이 세상의 '엔트로피'가 아닌 하나님 나라의 '신트로피'(Syntropy) 법칙이다. 하나님의 다스림 속에는 무질서에서 질서로, 혼란에서 회복으로, 어둠에서 밝음으로, 그리고 무에서 유로 변화된다. 그래서 신트로피 법칙에는 하나님의 창조 섭리가 역사한다. 다시 말해, 세상과 과학은 '엔트로피'의 소멸을 주장하지만 성경은 '신트로피'의 새로운 창조의 풍성함을 제시한다. 그래서 세상을 바라보면 소망이 없다. 아무리 화려해 보여도 허무, 허망, 암울, 절망뿐이다. 그러나 하나님 안에 거하면 절망에서 소망으로, 죽음에서 생명으로 인도된다. 모든 것이 하나님의 은혜임을 깨닫게 되고 매 삶의 순간마다 하나님께서 부어 주시는 감동과 감격, 감탄과 감복의 감사가 넘쳐 흐른다. 이것이 바로 사도 바울이 중보 기도한 '하나님 기업의 영광의 풍성함'이다. 그 풍성함이 오늘 여러분 안에 가득 임하게 되길 기도한다.

세 번째로,

사도 바울은 에베소 성도들이 성령의 조명하심으로 '하나님이 성도에게 베푸시는 권능의 크심'에 대한 것을 알게 되기를 간구하였다.

그럼 하나님이 성도에게 베푸시는 권능의 크심은 무엇인가? 엡 1:20-

23 말씀은 다음 세 가지로 설명하고 있다.

첫째, "그의 능력이 그리스도 안에서 역사하사 죽은 자들 가운데서 다시 살리시고 하늘에서 자기의 오른편에 앉히사"(엡 1:20).

하나님이 우리 성도들을 향해 베푸신 가장 큰 사랑이 무엇인지 아는가? 그것은 십자가이다. 우리를 향한 하나님 사랑의 가장 큰 표현은 독생자 예수 그리스도의 대속의 죽음이고, 우리를 위한 능력의 가장 큰 표현은 예수 그리스도의 부활이다. 예수 그리스도의 부활은 그 자체로 끝나는 것이 아니라 우리 성도들의 부활로 이어진다. "예수를 죽은 자 가운데서 살리신 이의 영이 너희 안에 거하시면 그리스도 예수를 죽은 자 가운데서 살리신 이가 너희 안에 거하시는 그의 영으로 말미암아 너희 죽을 몸도 살리시리라"(롬 8:11).

"하나님은 예수님과 함께 나도 죽음에서 살리셨다." 이것이 바로 우리를 향해 베푸시는 하나님의 크신 권능이다. 그 하나님의 크신 권능은 단지 죽음에서 다시 살리는 것에 국한되지 않고 그리스도를 하나님 오른편에 앉게 하여 그 어떤 존재보다 뛰어나게 하였다. 성경에서 오른편은 공간적인 개념이 아닌 주권적인 개념으로, 상속권(창 48:17-18), 구원의 능력(시 20:6), 통치권(계 2:1) 등을 상징한다. 따라서 하나님께서 부활하신 그리스도를 자신의 오른편에 앉히셨다는 것은 그리스도에게 자신의 모든 능력을 상속하며 주권과 구원과 다스림의 모든 권한을 부여하셨음을 나타낸다. 그런데 놀라운 사실은 그리스도에게 주어진 그 은혜가 그리스도를 믿는 모든 성도들에게도 주어지는 은혜라는 사실이다. "그 때에 임금이 그 오른편에 있는 자들에게 이르시되 내 아버지께 복 받을 자들이여 나아와 창세로부터 너희를 위하여 예비된 나라를 상속받으라"(마 25:34).

그러므로, 예수님을 바라보아야 하는 것이다. "믿음의 주요 또 온전하게 하시는 이인 예수"를 바라보아야 비로소 진정한 하나님의 능력의 실체가 무엇인지를 알게 된다. 우리의 믿는 바가 무엇인지 비로소 확실해진다.

둘째, 하나님의 크신 권능의 역사하심은 "모든 통치와 권세와 능력과 주권과 이 세상뿐 아니라 오는 세상에 일컫는 모든 이름 위에 뛰어나게 하시고, 또 만물을 그의 발 아래에 복종하게 하시고"(엡 1:21-22상).

하나님의 권능은 예수 그리스도를 모든 통치(권력), 권세, 능력, 주권, 이 세대 및 오는 세대의 모든 이름보다 뛰어나게 하셨다. 그리고 만물을 그리스도의 발 아래 복종시키셨다. 이는 예수님이 세상 모든 것을 정복하심을 의미하며, 특히 죄와 사망도 정복하시어 완전한 승리를 이루셨음을 의미한다. 다시 말해, 예수님은 시간과 공간을 초월한 모든 것의 주권자이시며 통치자이시다. 바로 이 진리를 성도가 깨달아 알아 증거하기를 사도 바울은 기도하였던 것이다.

오늘도 예수님은 변함없이 인류역사의 주권자이시며, 온 우주만물의 통치자이시다. 이를 믿을 때 우리는 세상 속에서 당당하고 승리하는 삶을 살아갈 수 있다.

셋째, 하나님 권능의 역사하심은 "그를 만물 위에 교회의 머리로 삼으셨느니라, 교회는 그의 몸이니 만물 안에서 만물을 충만하게 하시는 이의 충만함이니라"(엡 1:22하-23).

하나님은 예수 그리스도를 교회의 머리로, 교회는 그리스도의 몸으로 세우셨다. 따라서 참된 교회는 그리스도와 연결되어 있어야 한다. 그리스도에 붙어있어야 한다. 머리이신 그리스도께 순종해야 하며, 그리스도의 충만함으로 채워져야 한다.

이러한 교회가 바로 하나님의 크신 권능의 역사하심의 결과이다. 다시 말해 예수 그리스도를 주로 고백하는 우리 성도가 하나님의 크신 권능의 증거이다. 우리는 그저 하루하루 먹고 살기에 바쁜 그런 시시한 하찮은 사람들이 아니다. 하나님의 크신 권능으로 예수 그리스도의 교회가 된 하나님의 백성들이다. 이 사실을 사도 바울은 모든 성도가 깨달아 알게 되길 기도하였던 것이며, 오늘 우리가 하나님의 크신 권능을 매일 매일의 삶 속에서 증거하길, 또한 세상에 선포하길 기도하였던 것이다.

이번 장을 마무리하며 다시 한번 질문한다. 당신은 하나님을 아는가? 얼마나 제대로 알고 있는가? 사도 바울은 오늘도 말씀을 통해 우리 모두가 하나님과 예수님을 알게 해달라고 기도한다. 예수 그리스도 안에서 하나님의 부르심의 소망, 저 천국 소망을 바라보며, 하나님 기업으로서 날마다 새로워지는 그 풍성함을 경험하고, 하나님이 베푸시는 권능의 크심을 삶 속에서 증거, 선포할 수 있게 되길 기도한다.

사도 바울의 기도대로 살아가는 삶이 하나님과 소통하는 삶이다. 하나님의 음성을 듣고 하나님의 뜻을 좇아가는 삶이다. 하나님의 나라를 이 세상에 세워가는 삶이다. 그런 삶을 살기 위해서 반드시 필요한 것. 그것은 바로 성령의 지혜와 계시의 기름 부으심이다.

'기도하자 우리 마음 합하여'

기도하자 우리 마음 합하여
기도하자 우리 마음 합하여
할렐루야 아멘 할렐루야 아멘
기도하자 우리 마음 합하여

찬송하자 우리 모두 주님께
찬송하자 우리 모두 주님께
할렐루야 아멘 할렐루야 아멘
찬송하자 우리 모두 주님께

걸어가자 하늘 영광 저 문을
걸어가자 하늘 영광 저 문을
할렐루야 아멘 할렐루야 아멘
걸어가자 하늘 영광 저 문을

바라보자 주님 계신 천국을
바라보자 주님 계신 천국을
할렐루야 아멘 할렐루야 아멘
바라보자 주님 계신 천국을

6장

영적 강건과
충만한 삶

이러므로 내가 하늘과 땅에 있는 각 족속에게, 이름을 주신 아버지 앞에 무릎을 꿇고 비노니, 그의 영광의 풍성함을 따라 그의 성령으로 말미암아 너희 속사람을 능력으로 강건하게 하시오며, 믿음으로 말미암아 예수님께서 너희 마음에 계시게 하시옵고 너희가 사랑 가운데서 뿌리가 박히고 터가 굳어져서, 능히 모든 성도와 함께 지식에 넘치는 예수님의 사랑을 알고, 그 너비와 길이와 높이와 깊이가 어떠함을 깨달아 하나님의 모든 충만하신 것으로 너희에게 충만하게 하시기를 구하노라. 우리 가운데서 역사하시는 능력대로 우리가 구하거나 생각하는 모든 것에 더 넘치도록 능히 하실 이에게, 교회 안에서와 그리스도 예수 안에서 영광이 대대로 영원 무궁하기를 원하노라 아멘 (엡 3:14-21).

'21세기 교회연구소'에서 2021년에 700명의 기독 청년들을 대상으로 신앙 생활에 대해 설문조사한 결과를 보면 충격 그 자체이다. 기독 청년 4명 중 1명 이상이 '자살을 심각하게 생각해 본 적이 있다'

고 답하였으며, 돈이 최고의 가치라고 응답한 비율이 무려 92%이다. 그리고 '성경 말씀을 지키며 살면 이 사회에서 성공할 수 없다'라고 답한 기독 청년이 40.4%이며, 심지어 '성경 말씀을 지키며 사는 사람은 내 주위에 별로 없다'는 응답도 61.7%나 되었다.

어쩌다 이리 되었을까? 어쩌다 이리도 무너졌는가? 세상과 다를 바 없는 오늘날의 교회 때문에 또는 우리 부모 세대가 올바른 신앙을 보여주지 못하여 이런 결과가 나온 것은 아닐까?

이제는 주님의 음성을 들어야 한다. 더 늦기 전에 교회가 주의 음성을 들어야 한다. 주님의 음성을 들어야 제대로 신앙 생활을 할 수 있고, 자녀들을 올바로 이끌며, 다시 세상의 소망이 될 수 있다. 다시 한번 강조하지만, 주님의 음성을 듣는 가장 기본적인 영성은 기도와 말씀 묵상에서 나온다.

에베소서를 보면 교회를 향한 사도 바울의 기도가 두 차례 기록되어 있다. 앞장에서 살펴보았듯이, 사도 바울은 엡 1장에서 에베소 성도들을 향해 지혜와 계시의 영이 임하여 하나님을 알게 해달라고 간구하였다. 특히 하나님의 부르심의 소망과 기업의 영광의 풍성함, 그리고 하나님의 능력 등을 깨달아 알게 해달라고 간구하였다. 그리고 이제 엡 3장에 들어와 성도들이 영적으로 강건해지고 충만해지기를 간구하고 있다. 이 간구의 내용을 살펴보면서 우리가 어떤 자세로 기도해야 하며, 그리고 기도의 결론(왜 간구하는가)은 무엇인지에 대해 고찰해 보고자 한다.

엡 3장에 기록된 사도 바울의 기도는 이렇게 시작된다. "이러므로 내가 하늘과 땅에 있는 각 족속에게, 이름을 주신 아버지 앞에 무릎을 꿇고 비노니"(엡 3:14-15).

"아버지 앞에 무릎을 꿇고 비노니." 이 모습 속에 우리 기도의 자세가 어떠해야 하는지, 그 기본에 대해 두 가지를 살펴 볼 수 있다.

첫째, '아버지 앞에'
이는 우리 기도의 대상이 하나님 아버지임을 분명하게 선포한다. 우리가 기도하는 대상과 우리의 기도를 들으시고 응답하시는 분은 '하나님 아버지'이시다. 그래서 예수님도 '주기도문'을 가르쳐 주시면서 제일 먼저 아버지께 기도할 것을 말씀하셨다. **'하늘에 계신 우리 아버지여.'**

이를 통해, 기도는 아버지와 자녀 간에 이루어지는 인격적 대화임을 알 수 있다. 하나님 아버지께 예의를 갖추면서도 친밀하고 진솔한 영적 대화가 이루어지는 것이 기도이다.

둘째, '무릎을 꿇고 비노니'
하나님 앞에 '무릎 꿇음'은 하나님을 향한 존경과 경외, 그리고 간절함과 갈급함의 마음가짐을 보여준다. 바로 이러한 마음가짐으로 아버지와 대화하는 것이 기도이다.

성경을 보면, 갈멜산에서 기도한 엘리야도, 전에 하던 대로 하루 세 번씩 기도한 다니엘도, 기도하는 중에 순교한 스데반도, 그리고 겟세마네 동산에서 기도하신 예수님도 하나님 앞에 무릎을 꿇고 기도하셨다. 오늘 우리도 예외가 아니다. 기도함에 있어 하나님 앞에 무릎 꿇음이 선결되어야 한다. 우리가 하나님 앞에 무릎을 꿇어야 하는 그 이유에 대해 사도 바울은 특히 다음을 강조한다. '**하나님은 하늘과 땅에 있는 모든 족속에게 이름을 주신 분이시다.**'

하나님이 '이름을 주셨다'라는 것은 그 대상이 하나님께 속한 것(소유, 소속)임을 나타내는 표현이다. 따라서 하나님이 '**하늘과 땅에 있는 모든 족속에게**' 이름을 주셨다는 것은 하나님이 이 세상 모든 것을 창조하고 지금도 다스리고 계심을 의미한다. 다시 말해, 온 우주 만물이 하나님의 창조 주권 하에 있다는 의미이다. 바로 이런 하나님께 우리가 기도를 드리는 것이다. 우리의 기도를 들으시고 응답하시는 분이 바로 창조주, 주권자 하나님이시다. 그래서 성경은 "아무 것도 염려하지 말고 다만 모든 일에 기도와 간구로, 너희 구할 것을 감사함으로 하나님께 아뢰라"고 자신 있게 권면하고 있는 것이다. 이에 한 걸음 더 나아가 엡 3:20은 하나님 아버지는 우리가 구하거나 생각하는 모든 것에 더 넘치도록 능히 주시는 분이심을 증거하고 있다("우리 가운데서 역사하시는 능력대로 우리가 구하거나 생각하는 모든 것에 더 넘치도록 능히 하실 이에게").

우리가 누군가에게 무엇인가를 부탁을 할 때는 최소한 다음 두 가지를 고려해야 한다. 하나는 우리가 부탁하는 대상이 그 일을 할 수 있는지의 능력이고, 다른 하나는 그 일을 하려고 하는 의지가 그 대상에게 있는지의 여부이다. 할 수 있는 능력이 있어도 하고자 하는 의지가 없으면 부탁할 수 없고, 반대로 하고자 하는 의지가 있어도

할 수 있는 능력이 없으면 부탁할 이유가 없다. 바로 이 능력과 의지가 넘쳐나는 분이 바로 우리에게 이름을 주신 하나님 아버지이시다.

잊지 말라, 우리가 기도하는 분은 온 우주만물의 창조주 주권자이다. 그 분은 우리가 구하거나 생각하는 모든 것에 더 넘치도록 능히 부어 주시는 하나님 아버지이시다.

그럼 사도 바울이 에베소 교회를 위해 하나님 아버지 앞에 무릎 꿇고 중보기도한 것은 무엇인가? 엡 3:16-19을 보면 다음 세 가지의 기도 내용이 기록되어 있다.

첫 번째 기도

사도 바울이 에베소 성도들을 위해 하나님 아버지께 중보 기도한 첫 번째 간구는 "성령으로 말미암아 너희 속사람을 능력으로 강건하게 하시오며"(엡 3:16)이다.

엡 1:19에서 사도 바울은 성도들이 '하나님의 능력의 지극히 크심을 알게 해 달라'고 기도하였다. 이제 그 하나님의 능력으로 성도들의 속사람이 강건해지길 기도하고 있다. 여기서 사도 바울이 간구한 그 능력은 하나님의 영인 성령을 통해 전달되며('성령으로 말미암아'), 그리고 그 능력이 역사하는 곳은 바로 우리의 속사람이다.

오늘날 현대인의 삶을 보면 최고의 관심사 중의 하나가 건강이다. 그래서 '운동, 웰빙 식사, 다이어트, 건강식품' 등은 일상의 필수요소가 된 지 오래다. 그런데 문제는 육체의 건강만을 추구하지 속사람의 건강에 대해서는 전혀 관심이 없다는 것이다. 대부분의 사람들은 눈에 보이는 겉모습에만 관심을 두고 살아간다. 어떻게 하면 남에게 잘 보일까, 있어 보일까 고민한다. 특히 외모와 건강미에 신경을 쓰며 겉사람을 멋있게, 아름답게 꾸미려고 노력한다. 그러다 보니 성형 수술을 하게 되고 명품을 찾게 되는 것이다.

이런 세상 풍토와는 달리 우리 믿는 자들은 겉사람보다는 속사람의 변화와 성숙에 더 많은 관심을 기울이고 노력을 해야 한다. 왜냐하면, 절대 진리인 성경 말씀이 그렇게 하라고 권면하고 있기 때문이다. 우리 믿는 자들에게 필요한 것은 성형 수술이 아니라 '성령 수술'이다. 그래서 사도 바울은 성도들의 속사람이 성령의 능력으로 강건해지길 간구하였던 것이다.

그럼 왜 속사람이 강건해져야 하는가? 이 질문에 사도 바울은 다음과 같이 대답한다. "그러므로 우리가 낙심하지 아니하노니 우리의 겉사람은 낡아지나 우리의 속사람은 날로 새로워지도다, 우리가 잠시 받는 환난의 경한 것이 지극히 크고 영원한 영광의 중한 것을 우리에게 이루게 함이니, 우리가 주목하는 것은 보이는 것이 아니요 보이지 않는 것이니 보이는 것은 잠깐이요 보이지 않는 것은 영원함이라"(고후 4:16-18).

사도 바울은 우리 믿는 자들의 속사람이 날마다 새로워지고 강건해져야하는 그 이유에 대해 다음 두 가지를 제시하고 있다.

첫째, "우리가 잠시 받는 환난의 경한 것이 지극히 크고 영원한 영광의 중한 것을 우리에게 이루게 함이니."

우리 성도들이 고난과 환난 속에서도 영원한 영광('부활의 영광', '천국의 영광')을 소망하며 일어나기 위해서이다. 대부분의 사람들은 인생의 시련과 고난의 어두움이 몰려올 때 서쪽으로 달려간다. 지고 있는 해의 끝자락이라도 붙잡아 보려고 발버둥치며 서쪽으로 달려간다. 그러나 속사람이 강건한 사람은 과감히 방향을 돌려 어둠이 밀려오는 동쪽으로 나아간다. 그리고 그곳에 좌정하고 앉아 태양이 다시 떠오르기를 인내하며 기다린다. 왜냐하면 해는 반드시 동쪽에서 다시 떠오르게 되어 있기 때문이다.

잊지 마라, 인생의 모진 풍파와 폭풍우의 어둠에 맞서는 용기는 속사람이 얼마나 강건한가에 달려 있다.

둘째, "우리가 주목하는 것은 보이는 것이 아니요 보이지 않는 것이니 보이는 것은 잠깐이요 보이지 않는 것은 영원함이라."

우리 믿는 자들의 속사람이 강건해져야 하는 이유는 눈에 보이는 세상 것이 아니라 보이지 않는 하나님의 것을 소망하기 위해서이다. 눈에 보이는 것, 즉 세상 것은 일시적이고 유한하다. 그러나 보이지 않는 하나님 나라의 것은 영원 불변하다. 이는 성도라면 누구나 다 아는 진리이다. 그러나 세상 것을 바라보고 추구하며 쫓아가는 사람들은 이 진리를 모른다. 아니 이해를 하지 못한다. 왜냐하면 보이는 것에 집중하는 사람의 눈에는 보이는 것만 보이게 되어 있기 때문이다.

지금 당신은 무엇을 보고 있는가? 보이지 않는 영원한 것이 보이는가? 인생의 정답을 선택할 수 있는 능력은 우리의 겉사람(학벌, 지식, 권력, 명예, 돈)이 아니다. 우리의 속사람이 얼마나 강건한가에 달려 있다. 이를 믿는다면, 속사람이 강건한 사람, 즉, 속이 꽉 찬 사람, 그것도 복음으로 꽉 찬 성령의 사람들이 되길 소망하며 추구해 나아가야 한다.

두 번째 기도

보이지 않는 것을 볼 수 있는 그 능력은 우리 속사람의 강건함에서 나온다. 다시 말해, 속이 꽉 찬 믿음은 보이지 않는 것을 보는 영적 눈이다. 그래서 사도 바울은 다음으로 믿음으로 이루어지는 역사를 간구하고 있다. "믿음으로 말미암아 예수님께서 너희 마음에 계시게 하시옵고"(엡 3:17상).

사도 바울은 믿음으로 말미암아 예수님께서 성도들 마음 안에 거하시기를 간구하였다. 무슨 기도인가? 예수님은 이미 우리 믿는 자들 안에 계시지 않는가?

여기서 '계시다'로 번역된 원어는 단순히 '거한다'라는 의미가 아니다. '입주하여 주인이 되다', '우리 마음을 내 집처럼 삼으시다'라는 의미를 담고 있다. 이 단어의 의미를 잘 보여주는 말씀이 히 3:6 말씀이다. "예수님은 하나님의 집을 맡은 아들로서 그와 같이 하셨으니 우리가 소망의 확신과 자랑을 끝까지 굳게 잡고 있으면 우리는 그의 집이라."

히브리서 저자는 우리 믿는 자 모두는 예수님의 집임을 강조한다. '우리가 예수님의 집'이라는 것은 예수님이 우리 안에 계시면 우리가 예수님의 집이 된다는 사실을 보여준다. 다시 말해, 예수님의 인감 도장(등기)이 찍힌 집이 바로 우리 믿는 자들의 인생임을 강조한 것이다. 한마디로, '우리 인생의 주인은 바로 예수님이시다'라는 진리를 선포한 것이다. 이로 볼 때, 사도 바울이 간구한 '예수님께서 우리 마음에 계시게 한다'는 것은 우리의 인생 전체를 예수님께 올인 (all-in)하는 결단의 기도이다.

이 사도 바울의 기도 앞에 질문한다. 지금 당신 삶의 주인은 예수님 인가? 그렇다면 집주인이신 예수님께서 원하시는대로 당신의 삶은 지어져 가고 있는가?

예수님께서 우리 안에 처음 입주하셨을 때 우리의 삶은 아주 형편없었다. 엉망진창의 구제불능 상태였다. 인생의 벽에는 여기저기 금이 가 있었고, 벽지는 찢어져 너덜너덜하고, 마루바닥은 부서져 있고, 수도를 틀면 흙탕물이 나오고, 전기는 안 들어오고, 페인트는 벗겨지고, 현관문은 고장나고 등, 이런 엉망진창의 삶을 새롭게 변화시키기 위해서는 완전히 다 바꿔버리는 대규모의 공사, 모든 것을 허물고 다시 지어야 하는 재건축의 공사가 필요하다. 그래서 보통 능력이 아닌 하나님의 능력이 필요한 것이다.

우리를 온전히 변화시키는 하나님의 능력으로 우리의 속사람이 완전히 새로워져야 예수님께서 우리 마음 안에 내 집처럼 편안하게 거하실 수 있다. 바로 이러한 신앙의 변화를 이루기 위해서 반드시 필요한 것이 '믿음'인 것이다('믿음으로 말미암아'). 믿음이 있어야 '주님이 내 안에 내가 주님 안에' 거하는 축복을 누릴 수 있다. 속이 꽉 찬 믿음이 있어야 예수님의 집이 될 수 있다. 그때 비로소 인생을 예수님께 온전히 드림으로 예수님이 인생의 주인이 되신다. 그래야 하나님의 뜻대로 제대로 된 인생을 살아갈 수 있다.

이런 인생을 지금 살아가고 있는가? 다시 말해, 지금 당신은 예수님을 믿고 있는가?

요 11장을 보면 죽은 나사로를 다시 살리신 예수님의 기적 사건이 기록되어 있다. 죽은 나사로를 살리기 위해 나사로의 마을, 베다니로 오신 예수님은 오라비의 죽음 가운데 애통해 하는 마르다를 향해 선포하셨다. "나는 부활이요 생명이니 나를 믿는 자는 죽어도 살겠고, 살아서 믿는 자는 영원히 죽지 않을 것이다. 네가 믿느냐"(요 11:25-26). 이에 대해 마르다는 다음과 같이 대답하였다. "주는 그리스도시요 세상에 오시는 하나님의 아들이신 줄 내가 믿나이다"(요 11:27). 이 마르다의 대답은 사도 베드로가 예수님의 질문 "너희는 나를 누구라 하느냐"에 대해 고백한 믿음의 선포와 동일하다. 예수님으로부터 칭찬 받은 믿음의 정수이다. 바로 이 놀라운 믿음의 고백이 오라비의 죽음 앞에 애통해 하는 마르다의 입을 통해 선포되었던 것이다.

마르다의 믿음의 고백을 들으신 예수님은 그 즉시 죽은 나사로가 묻혀 있는 무덤으로 가시어 그 무덤을 가로막고 있던 돌문을 옮기라고 명했다. 이에 대해 마르다는 "주여 죽은 지가 나흘이 되었으매 벌써

냄새가 나나이다"(요 11:39)라며 왜 돌문을 옮겨야 하는지 반문하였다. 이 반문 속에는 '이미 죽었는데 무덤 문은 왜 열라고 하는가, 모든 것이 다 끝났는데 이제 와서 뭘 어쩌려고 그러는가'의 불순종이 담겨 있었던 것이다. 그러자 예수님은 다음과 같이 선포하셨다. "네가 믿으면 하나님의 영광을 보리라"(요 11:40).

앞서 마르다는 예수님의 질문 '네가 믿느냐'(요 11:26)에 '내가 믿나이다'(요 11:27)로 대답하였다. 그런데 지금 예수님은 마르다를 향해 '네가 믿으면'이라는 전제 조건을 붙이시며 '하나님의 영광을 보게 될 것'을 선포하셨다. 이로 볼 때, 마르다가 고백한 '믿나이다'는 참된 믿음의 고백이 아니었던 것이다. 하나님의 영광을 보는 속이 꽉 찬 믿음이 아니었던 것이다.

지금 당신의 믿음은 하나님의 영광을 보는 믿음인가? 죽음 앞에서도, 무덤 앞에서도 말씀에 순종하는 능력으로 증거되는 믿음인가? 아니면 단순히 입술의 고백, 마음의 고백에 머무는 믿음인가?

세 번째 기도

사도 바울의 세 번째 간구는 예수님이 우리 안에 거하심으로 인해 예수님을 체험하기를, 특히 예수님의 무한한 사랑을 깨닫게 되길 기도하였다. "너희가 사랑 가운데서 뿌리가 박히고 터가 굳어져서, 능히 모든 성도와 함께 지식에 넘치는 예수님의 사랑을 알고, 그 너비와 길이와 높이와 깊이가 어떠함을 깨달아"(엡 3:17하-19).

성도들이 깨달아 알게 되기를 간구한 '예수님의 사랑의 너비와 길이와 높이와 깊이'란 무엇을 의미하는가? 이는 예수님이 십자가에서 보여준 측량할 수 없는 사랑에 대한 표현이다. 이 세상에서 가장 '넓고 길고 높고 깊은' 사랑은 오직 하나, 예수님의 십자가 사랑 밖에 없다. 바로 이 사랑, 예수님이 십자가에서 보여주신 사랑, 측량할 수 없는 무한한 사랑을 머리로 이성으로 이해하고, 마음으로 감동으로 깨닫게 되기를 기도하였던 것이다.

바로 이 부분이 오늘 우리가 어떻게 기도해야 하는가에 있어 반드시 주목해야 할 점이다. 사도 바울은 우리가 예수님을 더욱더 사랑하게 해달라고 기도하지 않았다. 대신 우리를 향한 예수님의 사랑을 더 잘 알게 해달라고 기도하였다. 그 이유는 바로 우리 신앙 생활의 본질은 예수님의 사랑이기 때문이다. 우리 믿음의 시작은 예수님을 향한 우리의 사랑이 아니다. 그와 반대로 우릴 향한 예수님의 사랑이 우리를 믿음의 길로 인도하는 것이다. 다시 말해, 예수님이 먼저 우릴 사랑했기 때문에 우리가 예수님을 사랑할 수 있는 것이다. 그래서 우릴 향한 예수님의 십자가 사랑을 깨닫고 체험해야 한다. 그 사랑을 맛보아 알아야 속사람이 강건해지고 예수님을 인생의 주인으로 모셔 드릴 수 있다.

"내 구주 예수를 더욱 사랑 엎드려 비는 말 들으소서
 내 진정 소원이 내 구주 예수를 더욱 사랑 더욱 사랑
 이전엔 세상 낙 기뻤어도 지금 내 기쁨은 오직 예수
 다만 내 비는 말 내 구주 예수를 더욱 사랑 더욱 사랑

이 세상 떠날 때 찬양하고 숨질 때 하는 말 이것일세
다만 내 비는 말 내 구주 예수를 더욱 사랑 더욱 사랑"

그런데 안타까운 것은 이 사도 바울의 기도를 역으로 보면, 구원받은 성도가 아직 예수님의 사랑을 충분히 인식하지 못하고 살아갈 수 있음을 암시한다. 이 암시대로 오늘날 믿음으로 구원은 받았지만 예수님의 십자가를 통해 보여주신 하나님의 사랑이 무엇인지를 온전히 깨닫지 못하고 체험하지 못하며 신앙 생활하는 성도들이 있음을 부인할 수 없다. 참으로 마음 아픈 현실이다. 예나 지금이나 '예수 믿는' 신앙 생활은 하는데, 인생에 참다운 기쁨이 없고 감사의 감동이 없는 메마르고 건조한 삶을 살아가는 성도들이 있다.

지금 당신은 당신을 향한 하나님의 사랑, 예수님의 십자가를 통해 확증된 그 사랑을 깨달아 알고 있는가? 그 사랑이 얼마나 크고 감사한지 뼛속까지 체험하고 느끼고 있는가?

예수님의 십자가 사랑을 깨닫고 체험한 사람은 다음과 같이 고백한다. "주의 인자하심이 생명보다 나으므로 내 입술이 주를 찬양할 것이라"(시 63:3); "그가 우리를 위하여 목숨을 버리셨으니 우리가 이로써 사랑을 알고 우리도 형제들을 위하여 목숨을 버리는 것이 마땅하니라"(요일 3:16).

'나를 향한 주의 인자하심이 나의 생명보다 낫다.' 그렇기에 형제들을 위하여 목숨을 버릴 수 있으며, 더 나아가 목숨 버리는 것을 당연히 여길 수 있게 된다. 한 마디로, 주님의 사랑을 깨달아 알면 목숨 건 신앙으로 나아가게 된다. 그 어떤 경우에도, 목에 칼이 들어와도 주님을 끝까지 따라가는 올인의 인생을 살아가게 된다.

에베소 교회를 향한 위 세 가지 사도 바울의 기도를 정리하면서 절대로 놓치지 말아야 할 것이 있다. 그것은 바로 이 기도의 출발점이 있고 끝(결론)이 있다는 점이다.

사도 바울의 기도, 세 가지 간구의 출발점은 엡 3:16 시작 부분 "하나님의 영광의 풍성을 따라"이다. 이는 우리의 기도가 하나님의 영광의 풍성을 따른 기도가 되어야 함을 교훈한다. 여기서 '하나님의 영광의 풍성'이란 창조주 하나님의 전능하신 능력과 지혜, 은혜와 진리의 충만함을 의미한다. 바로 이 신적 충만함이 우리 기도의 출발점이자 원동력이다. 이는 우리의 기도가 하나님의 풍성한 능력 가운데 그저 얼마만큼을 구하는 것이 아니라 풍성한 만큼, 풍성하게 주시기를 구하는 것임을 가르쳐 준다. 예를 들어 수조 원의 재산이 있는 사람한테 1000원을 구하는 것이 아니라 그 수조 원의 재산 전부 다 줄 것을 구하는 것이 바로 '하나님께 기도'이다. 다시 말해 우리가 하나님을 얼마나 믿고 신뢰하느냐에 따라 기도 응답의 정도가 달라진다.

그리고 에베소 성도를 위해 사도 바울이 간구한 기도의 결론, 즉 세 가지 중보를 통해 이루고자 하는 것은 "하나님의 모든 충만하신 것으로 너희에게 충만하게 하시기를 구하노라"(엡 3:19)이다. 이는 마 5:48에서 '하늘에 계신 너희 아버지의 온전하심과 같이 너희도 온전하라'는 예수님의 말씀과 동일한 의미를 지니고 있다. 다시 말해, 우리가 완전히 비워지고 하나님이 우리를 채우는 것을 의미한다. 온전히 하나님의 지배를 받는 것, 그리하여 우리의 언어와 행동, 모든 삶에 하나님의 하나님 되심이 그대로 드러나는 것을 의미하는 것이다. 한마디로, 성령 충만함으로 온전히 예수 그리스도를 닮아가는 것, 그리스도의 장성한 분량이 충만한 데까지 이르는 것을 의미한다. 이 것이 에베소 성도들을 향한 사도 바울의 기도의 결론이자 오늘 우리를 향한 기도의 제목이 된다.

사도 바울의 기도대로, 우리의 속사람이 새로워지고 강건해지며, 우리의 삶이 온전한 믿음으로 예수님이 거하시는 집이 되기를, 그리고 더불어 예수님의 십자가 사랑을 체험하고, 삶으로 증거하며, 고백하게 되기를 기도한다. 그리하여 주님을 닮아가는 참된 성도로 하나님의 충만하심이 차고 넘치는 삶을 살아 내길 간절히 기도한다.

'기도의 능력'

기도할 때 상한 맘 만지시며
내 모든 상처 치료하시네
기도할 때 삶의 짐 벗어지며
하늘의 위로 주시네
기도를 멈추지 않으리
기도를 통해 역사하시니
신실하신 하나님 반드시 응답하시니
믿음의 기도 멈추지 않으리

기도할 때 내게 지혜를 주사
주의 뜻대로 살게 하시네
기도할 때 주님 함께 계시니
내 영혼 참 평안하네
기도를 멈추지 않으리
기도를 통해 역사하시니
신실하신 하나님 반드시 응답하시니
믿음의 기도 멈추지 않으리

성령께서 기도를 도우시니
지친 내 영혼 새 힘을 얻네
내 연약함 모두 고백할 때에
주께서 용서하시네
기도를 멈추지 않으리
기도를 통해 역사하시니
신실하신 하나님 반드시 응답하시니
믿음의 기도 멈추지 않으리

7장

하나님의
영광과 찬송이
되는 삶

내가 너희를 생각할 때마다 나의 하나님께 감사하며, 간구할 때마다 너희 무리를 위하여 기쁨으로 항상 간구함은, 너희가 첫날부터 이제까지 복음을 위한 일에 참여하고 있기 때문이라. 너희 안에서 착한 일을 시작하신 이가 그리스도 예수의 날까지 이루실 줄을 우리는 확신하노라. 내가 너희 무리를 위하여 이와 같이 생각하는 것이 마땅하니 이는 너희가 내 마음에 있으며 나의 매임과 복음을 변명함과 확정함에 너희가 다 나와 함께 은혜에 참여한 자가 됨이라. 내가 예수 그리스도의 심장으로 너희 무리를 얼마나 사모하는지 하나님이 내 증인이시니라. 내가 기도하노라 너희 사랑을 지식과 모든 총명으로 점점 더 풍성하게 하사, 너희로 지극히 선한 것을 분별하며 또 진실하여 허물없이 그리스도의 날까지 이르고, 예수 그리스도로 말미암아 의의 열매가 가득하여 하나님의 영광과 찬송이 되기를 원하노라 (빌 1:3-11).

성경에 기록된 놀라운 기적 중에 '출애굽'이라는 역사적인 사건이 있다. 지금으로부터 약 3,400년 전 이스라엘 백성이 애굽에서 노예로 살아가고 있을 때 하나님은 모세를 보내시어 그들을 구원하시고 약속의 땅 가나안으로 인도하신 사건이다. 이때 하나님이 행하신 초자연적인 열 가지 재앙이 애굽에 임하였고, 더 나아가 홍해 바다가 갈라지는 믿기 어려운 기적이 일어났다.

이 출애굽 사건이 어떻게 시작되었는지 아는가? 출애굽의 시작은 이름 모를 백성들의 기도로 이루어졌다. "여러 해 후에 애굽 왕은 죽었고 이스라엘 자손은 고된 노동으로 말미암아 탄식하며 부르짖으니 그 고된 노동으로 말미암아 부르짖는 소리가 하나님께 상달된지라 하나님이 그들의 고통 소리를 들으시고 하나님이 아브라함과 이삭과 야곱에게 세운 그의 언약을 기억하사 하나님이 이스라엘 자손을 돌보셨고 하나님이 그들을 기억하셨더라"(출 2:23-25).

'기도는 천국의 문을 여는 열쇠이다'(R.A. 토레이). 기도는 하나님으로 하여금 우리를 기억하고 돌보시게 하는 영적 능력이며, 하나님의 능력을 이 땅에 실현시키는 거룩한 도구이다. 그 기도의 능력으로 빌립보 교회를 위해 중보한 사도 바울의 기도가 오늘 말씀 속에 기록되어 있다.

빌립보서는 사도 바울이 로마 감옥에 갇혀 있을 때에 빌립보 교회에 보낸 편지이다. 그 편지 속 빌립보 성도들을 향한 사도 바울의 기도는 이렇게 시작한다. "내가 너희를 생각할 때마다 나의 하나님께 감사하며, 간구할 때마다 너희 무리를 위하여 기쁨으로 항상 간구함은"(빌 1:3-4).

이 사도 바울의 기도는 오늘 우리의 기도가 어떠해야 하는지에 대해 근본적인 가르침을 주고 있다.

첫째, '내가 너희를 생각할 때마다 나의 하나님께 감사하며.'

사도 바울은 먼저 빌립보 성도들과 함께 하나님을 섬길 수 있는 은혜에 감사하며 기도를 드렸다. 특히 5절을 보면, 빌립보 성도들이 복음을 받아들인 그때로부터 '이제까지', 즉 사도 바울이 로마 감옥에 갇혀 있던 그 당시까지 변함없이 복음을 위한 일에 참여하고 있음에 감사하였다. 사도 바울은 빌립보 교회 성도들을 생각하면 생각할수록 그저 하나님께 감사 밖에 나오지 않았던 것이다. 모든 것이 은혜이고 모든 것이 감사였음을 보여주는 것이 '**생각할 때마다 감사하며**'이다.

둘째, '너희 무리를 위하여 기쁨으로.'

이는 빌립보 교회와 성도들을 생각할 때마다 기쁨의 미소가 절로 나올 수밖에 없었음을 보여주며, 하나님께 대한 감사는 기쁨으로 이어짐을 암시한다. 특히 빌립보 교회가 복음 위에 건강하게 성장하며 부흥하는 것을 보고 그렇게 인도해 가시는 하나님의 은혜에 감사하며 기쁨으로 화답하였음을 보여준다.

셋째, '항상 간구함은.'

이는 사도바울이 늘 빌립보 교회를 위하여 간구하고 있음을 증거한다. 특히 지금 감옥에 갇혀 있음에도 불구하고, 그 기도의 끈을 놓지 않고 있음을 시사한다. 사실 지금 사도 바울은 심적으로나 상황적으로나 다른 사람을 위해 간구할 형편이 되지 못하였다. 춥고 습기 찬 감옥에 있으면서, '제 코가 석자'임에도 불구하고 성도들을 위하여 간구하였던 것이다. 그것도 늘 쉬지 않고 사도 바울은 기도하였음을 성경은 오늘도 증거하고 있다.

기도는 내가 하고 싶을 때, 여건이 될 때, 시간이 있을 때에만 하는 것이 아니다. 마음이 괴로울 때에도, 육신의 고난을 당할 때에도, 눈물이 앞을 가릴 때에도 기도의 끈을 놓아서는 안 된다. 기도는 항상 현재형이다. 그래서 성경은 오늘도 '쉬지 말고 기도하라', '성령 안에서 항상 기도하라'고 권면하고 있다.

이러한 사도 바울의 '감사'의 기도, '기쁨'의 기도, '늘 항상'의 기도는 빌립보 성도들을 향한 사도 바울 자신의 사랑을 강조하며 이어져 간다. "내가 예수 그리스도의 심장으로 너희 무리를 얼마나 사모하는지 하나님이 내 증인이시니라"(빌 1:8).

사도 바울은 빌립보 성도들을 향한 자신의 사랑을 '그리스도의 심장(마음)' 비유로 표현하며, 그 사랑은 하나님께서 보증하실 정도로 진실한 것임을 강조하였다. 여기서 '그리스도의 심장'이란 내면의 강렬한 애정, 자비, 긍휼 등을 나타내며, 한 마디로, 예수님의 아가페 사랑, 십자가 사랑을 의미하는 것이다.

바로 그 사랑, 예수님의 사랑으로 지금 빌립보 성도들을 사랑하고 있음을 다음과 같이 표현하고 있다. "너희 무리를 얼마나 사모하는지." 이는, 사실, 사도 바울만의 고백이 아니다. 교회를 향한 모든 주님의 종들의 고백이다. 삯꾼이나 종교 직업인이 아니라면, 참된 주님의 종이라면 주님의 교회와 성도들을 주님의 마음으로 사랑해야 한다. 만약 주의 종이 그리스도의 심장이 없다면 강대상에서 내려와야 한다. 목회자의 가운을 벗어야 한다.

이 대목에서 주목하는 것은 누구나 다 사도 바울의 사랑을 온전히 느낀 것은 아니라는 사실이다. 사도 바울은 빌립보 교회 만이 아니라 다른 지역의 교회들도 '그리스도의 심장'으로 품고 사랑하며 복음을 전하였다. 그런데 고린도 교회 성도들 중에는 빌립보 교회 성도들과는 달리 사도 바울을 뒤에서 불평하고 비판하며 그의 가르침을 거부하였고 심지어는 사도 바울의 사도권(권위)까지 의심하였다. 무얼 교훈하는가?

오래 전에 부목사로 사역하던 교회에서 자신의 공동체 담당 목사님에 대한 불평과 불만을 토로하는 성도를 상담한 적이 있었다. 그 분의 요지는 한 마디로 자신의 힘듦을 목사님이 알아주지 못한다는 것이다. 그래서 담당 목사님과 말씀은 나누어 보았냐고 물어보니, '굳이 만나서 얘기해야 아는가' 라고 하며, 목사라면 '어느 양이 아픈지 알아야 하고, 양이 아프면 알아서 챙겨야 되는 것 아니냐'며 목소리를 높였다. 그리고 담당 목사님을 향해 '사랑이 부족하다', '공감 능력이 떨어진다'는 등, 목사님의 성격을 MBTI로 판단하며 자기 생각대로 지레 짐작하고 있었던 것이다.

그때 절실히 깨달았다. 목회자만이 아니라 성도들도 아가페 사랑으로 충만해야 한다. 그래야 공동체와 교회가 건강하게 성장해 나갈 수 있는 것이 아니겠는가? 그래서 사도 바울이 고린도 교회에 강조한 것이 '사랑'(고전 13장)이고, 빌립보 교회를 향한 첫 번째 중보기도도 '사랑의 충만함'이었다.

첫 번째 기도

"내가 기도하노라 너희 사랑을 지식과 모든 총명으로 점점 더 풍성하게 하사"(빌 1:9).

사도 바울이 빌립보 교회 안에 풍성해 지길 기도한 '너희 사랑'은 아가페 사랑이다. 일반적으로 사랑에는 크게 두 가지, 에로스 사랑과 아가페 사랑이 있다. 그 둘의 차이를 아는가? 에로스 사랑은 가치를 추구하는 사랑이고 아가페 사랑은 가치를 부여하는 사랑이다. 세상은 상대방의 가치가 기준 미달이거나 형편 없을 때, 미련 없이 버리거나 포기하거나 무시한다. 그러나 아가페 사랑은 사랑할 가치가 없는 사람까지도 품고 사랑한다. 가치 없는 사람도 사랑 받을 가치가 있음을 보여주는 이타적이고 헌신적이며 손해 보는 사랑이다. 그런 사랑은 마음의 감동을 낳게 한다. 그리고 다른 사랑을 낳게 하며 세상을 따뜻하게 만들어 간다. 한마디로 참된 사랑은 선한 영향력으로 자라나는 것이며, 점점 풍성해 지는 것이다.

사도 바울은 바로 그런 사랑으로 빌립보 교회가 충만해지길 기도하였던 것이다. 성도 간에 아가페 사랑이 점점 더 풍성해져 교회가 예수 그리스도의 사랑의 충만함에 이르도록 간구하였던 것이다.

그럼 어떻게 해야 교회 안에 아가페 사랑이 충만할 수 있는가? 이 쉽지 않은 기도가 어떻게 해야 응답을 받을 수 있는가?

그 답은 바로 "지식과 모든 총명으로"이다. 여기서 '지식'은 하나님을 아는 지식을 의미하며, 특히 하나님의 말씀을 통해 하나님을 아는 지식을 가리킨다. 그리고 '총명'은 문자적으로 통찰력과 분별력을 의미하며, 한마디로 지혜, 세상적 지혜가 아니라 하나님이 주시는 지혜를 말한다.

이로 볼 때, 아가페 사랑이 풍성한 교회가 되려면 먼저 하나님이 주시는 지혜로 하나님을 알아야 한다. 사랑 그 자체이신 하나님을 알아야 참된 사랑을 할 수 있기 때문이다(요일 4:16). 이 원리를 잘 보여주는 말씀이 "그가 우리를 위하여 목숨을 버리셨으니 우리가 이로써 사랑을 알고 우리도 형제들을 위하여 목숨을 버리는 것이 마땅하니라"(요일 3:16)이다.

예수님이 십자가에서 보여주신 사랑, 그 사랑을 깨닫고 체험해야 사랑이 무엇인지를 알게 된다. 그리고 사랑이 무엇인지 알아야 그 사랑으로 형제들을 사랑할 수 있다. 인간적 사랑인 에로스 사랑으로는 절대 형제들을 위해 목숨 버릴 수 없다. 다시 말해, 성도 간의 사랑을 풍성하게 만드는 것은 주님의 아가페 사랑을 얼마나 느끼고 체험하느냐에 달려 있다. 그 주님의 사랑을 뼛속까지 체험하는 사람은 후회 없는 사랑을 하게 되어 있다. 형제들을 위하여 목숨까지도 내놓게 되며, 이를 당연하게 여기는 품격의 여유를 갖게 된다.

이런 사랑이 충만한 교회가 우리 모두의 교회가 되길 소망한다. 그 '누가'가 아니라 '내'가 먼저 주님의 사랑으로 충만해지길 기도한다. 목사가, 전도사가, 교회 리더들이 먼저가 아니라, '내'가 먼저 주님의 사랑으로 충만할 때, 이 사도 바울의 기도가 우리 모두에게 응답 받게 될 것이다.

두 번째 기도

"너희로 지극히 선한 것을 분별하며 또 진실하여 허물없이 그리스도의 날까지 이르고"(빌 1:10).

이 말씀을 원어로 보면 원인과 결과를 나타내는 전치사구로 시작된다('그러므로' 또는 '그로 인해'). 이는 10절 말씀이 9절의 결과라는 사실을 암시한다. 이로 볼 때, 앞서 살펴 본 성도들의 사랑이 하나님을 아는 지식과 하나님이 주시는 지혜로 인해 풍성해지면 지극히 선한 것이 무엇인지를 '분별하게 된다'(시험하여 증명하다)는 사실을 함축하고 있다. 다시 말해, 지극히 선한 것을 분별하는 그 출발점은 바로 사랑 충만이다.

그럼 우리 믿는 자들이 사랑 충만하여 분별해야 할 지극히 선한 것이란 무엇인가? 이 세상에서 선한 것 중에 최고의 선한 것은 무엇인가?

세상은 도덕적 또는 윤리적 감동에서 선을 찾는다. 구제와 긍휼, 나눔과 헌신에 감동하며, 그 감동의 극치는 남을 위해 자신의 생명을 바치는 선, 즉 '살신성인'의 선이다. 자신을 희생함으로 타인의 생명을 구하는 의인의 모습은 숭고함의 선을 자아내어 보는 이로 하여금 고개를 숙이게 만든다. 그렇다면 2000년 전 죄인인 우리 인간을 위해 생명을 바치신 예수 그리스도의 죽음은 무엇인가? 앞서 Part 2, 1장에서 살펴 보았듯이, 인간의 살신성인(殺身成仁)의 선함의 극치를 뛰어넘는 선함은 바로 신이신 예수님이 자신의 생명을 우리 인간을 위해 바치신 십자가의 살신성인(殺神成仁)이다. 그 십자가 살신성인

(殺神成仁)의 본질이 다름아닌 우릴 향한 하나님의 사랑이다. 그래서 사랑 충만이 지극히 선함을 분별하는 그 출발점이 되는 것이다.

그럼 어떻게 그 지극히 선함을 분별할 수 있을까? 시험하여 증명할 수 있는가? 예수님처럼 십자가에 매달려 죽어야 하는가?

이에 대해 프랑크 루박 선교사님은 다음과 같이 대답한다. "**인생에 있어 최고의 일은 최대한 그리스도를 닮은 삶을 사는 것이다. 그리고 사람들에게 그것을 보여 주는 것이다.**" 우리 성도가 이 세상에서 할 수 있는 가장 최선의 일은 지극히 선하신 예수 그리스도를 닮아 복음의 진리를 세상에 증거하고 선포하는 것이다. 바로 이것이 '지극히 선한 것을 분별하는, 즉 시험하여 증명하는 것이다.

그럼 어떻게 지극히 선한 것을 증거하고 선포할 수 있는가? 그 답은 바로 '나의 삶을 통해서'이다. 그래서 사도 바울은 성도들이 '진실하여 허물없이' 이 세상을 살다가 그리스도의 재림을 맞이하길 기도하였던 것이다. 사도 바울이 간구한 '진실하여'는 '숨기는 동기나 악의 없이 순전함' 또는 '도덕적으로나 윤리적으로 순결함'을 의미한다. 특히 어원적으로 볼 때, 햇빛에 비추어 보아 얼룩 한 점 없는 깨끗한 상태를 의미한다. 즉 '투명한 순결'을 말한다. 그리고 '허물없이'는 문자적으로 '다른 사람들을 걸려 넘어지지 않게 한다'는 의미로, 다른 사람에게 '실족', '부딪힐 돌', '올무'가 되지 않음을 가리킨다. 한마디로, 하나님의 의로운 백성답게 살아가는 삶을 의미한다. 24시간 365일 어디에서 무엇을 하든 삶으로 하나님의 백성됨을 증거하는 것이 바로 '허물없이'이다.

지금 당신의 삶은 얼마나 진실되고 허물이 없는가? 이 질문에 대한 답이 지금 당신의 삶이 얼마나 예수님을 보여주고 있느냐를 결정하게 될 것이다.

세 번째 기도

"예수 그리스도로 말미암아 의의 열매가 가득하여 하나님의 영광과 찬송이 되기를 원하노라"(빌 1:11).

여기서 '의의 열매'의 '의'는 '예수님의 십자가 대속의 은혜로 인하여 의롭게 되었다'의 그 의(칭의)가 아니다. 앞선 문맥을 고려할 때, 구원받은 성도의 생활 가운데서 나타나는 하나님의 뜻과 합치되는 삶의 증거, 곧 성화의 증거로 진실함과 허물없음의 증거를 말하는 것이다.

그렇다면 성화의 증거, 즉 '의의 열매'란 무엇을 말하는 것인가? 사 32:17은 다음과 같이 그 답을 주고 있다. "공의의 열매는 화평이요 공의의 결과는 영원한 평안과 안전이라." '의의 열매'는 한마디로 '화평'(샬롬)이다. 즉, 예수 그리스도 구속의 은혜로 말미암아 성화되어 감의 증거가 바로 '평화'라는 말이다. 그리고 그 평화의 열매를 맺어 감의 결과는 영원한 평안과 안전임을 선지자 이사야는 분명하게 선포하였다. 바로 이 말씀이 빌립보 성도들 가운데 온전히 구현되길 사도 바울은 기도하였던 것이다.

이 사도 바울의 기도를 보다 잘 보여주는 말씀이 골 1:20 말씀이다.

"그의 십자가의 피로 화평을 이루사 만물 곧 땅에 있는 것들이나 하늘에 있는 것들이 그로 말미암아 자기와 화목하게 되기를 기뻐하심이라"(골 1:20).

이는 예수님께서 십자가에서 죽으심으로 죄악의 종노릇 하던 우리가 주님 안에서 참된 평화를 누리게 되었음을 선포하는 말씀이다. 우리 마음 안에 죄악과 어둠의 권세가 떠나고 성령의 역사가 임하였음을 확증하는 선포이다. 그리고 더 나아가 십자가 평화가 임하게 된 그 결과로 인해 하나님과 화목되는 축복, 하나님의 자녀가 되는 축복, 하나님을 아빠 아버지라 부르는 축복을 영원히 누리게 되었음을 증거한다. 이 세상에서 가장 평안하고 안전한 곳은 오직 하나, 하나님 품 안이다. 그 하나님 품 안으로 빌립보 성도들이 들어가 온전한 평화를 누리며, 그 평화를 증거하기를 기도한 것이 바로 '의의 열매가 가득하여'이다.

이 사도 바울의 기도가 오늘 우리 모두에게 응답되길 소망한다. 지금 하나님 품 안에서 평안과 안전을 누리는 자, 하나님의 사랑과 평화를 체험하는 자는 이렇게 고백하며 결단한다. "그런즉 너희가 먹든지 마시든지 무엇을 하든지 다 하나님의 영광을 위하여 하라"(고전 10:31). 그래서 사도 바울은 빌립보 교회를 향한 중보 기도를 다음과 같이 마무리하고 있다. "하나님의 영광과 찬송이 되기를 원하노라." 사도 바울의 이 기도는 우리에게 선택이 아니라 필수(당연, 마땅한 필수)이다. 왜냐하면 우리가 창조된 목적이 바로 하나님께 영광이고, 하나님께 찬양이기 때문이다(사 43:7, 21).

빌립보 교회를 향한 사도 바울의 기도를 요약하면, 첫째, 하나님을 아는 지식과 모든 총명으로 주님의 십자가 사랑, 아가페 사랑을 깨닫고 경험하여, 그 사랑으로 서로를 사랑하는 풍성함이 넘쳐나는 교회가 되는 것이다(9절). 둘째, 사랑의 충만함으로 하나되어 세상 끝날까지 예수 그리스도를 좇아 닮아가는 거룩한(진실하고 허물없는) 성도로 살아가는 교회가 되는 것이다(10절). 셋째, 예수 그리스도로 말미암아 구원받은 은혜에 합당하게 그 의의 열매(평화)를 맺으며 하나님께 영광과 찬송을 올려드리는 교회가 되는 것이다(11절).

이 기도가 오늘 응답 받는 그 시작은 바로 '나부터' 실행하는 변화와 개혁이다. 내가 먼저 하나님 앞에 바로 설 때, 그때 가정이 회복되고 교회가 바로 세워지는 은혜가 임하게 될 것이다. 이 변화와 개혁의 본질은 바로 아가페 사랑의 실천에 달려 있다. 그리고 그 사랑의 실천은 우릴 향한 주님의 사랑 안에 온전히 거할 때 이루어진다는 사실을 절대로 잊지 말라.

'기도하는 이 시간'

기도하는 이 시간 주께 무릎 꿇고
우리 구세주 앞에 다 나옵니다
믿음으로 나가면 주가 보살피사
크신 은사를 주네 거기 기쁨 있네
　　기도 시간에 복을 주시네
곤한 내 마음 속에 기쁨 충만하네

기도하는 이 시간 주가 곁에 오사
인자하신 얼굴로 귀 기울이네
우리 자신 버리고 그 발 아래 꿇면
크신 은사를 주네 거기 기쁨 있네
　　기도 시간에 복을 주시네
곤한 내 마음 속에 기쁨 충만하네

기도하는 이 시간 주께 엎디어서
은밀하게 구할 때 곧 응답 받네
잘못된 것 아뢰면 측은히 여기사
크신 은사를 주네 거기 기쁨 있네
　　기도 시간에 복을 주시네
곤한 내 마음 속에 기쁨 충만하네

기도하는 이 시간 주를 의지하고
크신 은혜 구하면 꼭 받으리라
의지하는 마음에 근심 사라지리
크신 은사를 주네 거기 기쁨 있네
　　기도 시간에 복을 주시네
곤한 내 마음 속에 기쁨 충만하네

8장

믿음 성장과
사랑 충만으로
거룩함에 흠이
없는 삶

지금은 디모데가 너희에게로부터 와서 너희 믿음과 사랑의 기쁜 소식을 우리에게 전하고 또 너희가 항상 우리를 잘 생각하여 우리가 너희를 간절히 보고자 함과 같이 너희도 우리를 간절히 보고자 한다 하니, 이러므로 형제들아 우리가 모든 궁핍과 환난 가운데서 너희 믿음으로 말미암아 너희에게 위로를 받았노라, 그러므로 너희가 주 안에 굳게 선즉 우리가 이제는 살리라, 우리가 우리 하나님 앞에서 너희로 말미암아 모든 기쁨으로 기뻐하니 너희를 위하여 능히 어떠한 감사로 하나님께 보답할까. 주야로 심히 간구함은 너희 얼굴을 보고 너희 믿음이 부족한 것을 보충하게 하려 함이라, 하나님 우리 아버지와 우리 주 예수는 우리 길을 너희에게로 갈 수 있게 하시오며, 또 주께서 우리가 너희를 사랑함과 같이 너희도 피차간과 모든 사람에 대한 사랑이 더욱 많아 넘치게 하사, 너희 마음을 굳건하게 하시고 우리 주 예수께서 그의 모든 성도와 함께 강림하실 때에 하나님 우리 아버지 앞에서 거룩함에 흠이 없게 하시기를 원하노라 (살전 3:6-13).

데살로니가 교회는 바울이 2차전도 여행 시 개척한 교회이다. 사도 바울이 빌립보에서 복음을 전하다가 매 맞고 감옥에 갇혔다가, 그곳

관리들에 의해 떠밀려 데살로니가로 이동하여 세운 교회이다. 하지만 데살로니가에서도 유대인들의 시기와 박해로 인해 사도 바울은 3주밖에 머물지 못하였다. 데살로니가 성도들을 위해 제자 양육과 신앙 훈련을 제대로 하지 못하고 떠난 사도 바울은 늘 그들을 향한 미안함과 애틋한 마음을 안고 있었다. "형제들아 우리가 잠시 너희를 떠난 것은 얼굴이요 마음은 아니니 너희 얼굴 보기를 열정으로 더욱 힘썼노라. 그러므로 나 바울은 한 번 두 번 너희에게 가고자 하였으나 사탄이 우리를 막았도다"(살전 2:17-18).

사도 바울은 데살로니가 교회를 방문하여 이제 갓 믿기 시작한 성도들의 신앙의 기초를 다져주고 양육하며 훈련시키길 원했다. 그런데 사탄의 방해로 인하여 갈 수가 없었다("그러므로 나 바울은 한번 두 번 너희에게 가고자 하였으나 사탄이 우리를 막았도다"(살전 2:18)). 이때 사도 바울은 어떤 심정이었을까? 답답함, 안타까움, 초조함, 근심? 그런데 놀랍게도 데살로니가 교회를 향한 사도 바울의 기도는 기쁨과 감사의 고백으로 시작한다. "우리가 우리 하나님 앞에서 너희로 말미암아 모든 기쁨으로 기뻐하니 너희를 위하여 능히 어떠한 감사로 하나님께 보답할까"(살전 3:9).

비록 현실은 사도 바울이 원하는대로, 소망하는대로 이루어지지는 않았지만, 하나님께서 데살로니가 교회를 이끄시는 그 섭리의 모습들을 보며, 그저 기쁨과 감사의 고백이 나올 수밖에 없었던 것이다. 이 모습이 참된 기도자의 모습이자 성경적 기도의 출발점이다.

하나님이 온 우주만물의 창조자이시며 주권자이심을 믿는가? 하나님이 세상 만물을 주관하시며 돌보시는 분이심을 믿는다면, 하나님이 바로 나의 아빠 아버지 되심을 믿는다면, 그 어떤 상황에도 신앙의 여유가 있다. 불안, 염려, 초조함, 두려움은 사라질 것이고, 세상이 알 수 없는 기쁨과 감사가 흘러나올 것이다. 바로 이 믿음의 기도가 사도 바울의 기도이고 하나님과 소통하는 기도이자 주님의 응답을 듣는 기도이다.

기쁨의 간구

사도 바울의 기도는 9절을 보면 먼저 기쁨의 간구였음을 보여준다. "우리 하나님 앞에서 너희로 말미암아 모든 기쁨으로 기뻐하니."

바울은 무엇 때문에 기뻐하였는가? 살전 3:6-8절은 다음과 같이 대답한다. "지금은 디모데가 너희에게로부터 와서 너희 믿음과 사랑의 기쁜 소식을 우리에게 전하고 또 너희가 항상 우리를 잘 생각하여 우리가 너희를 간절히 보고자 함과 같이 너희도 우리를 간절히 보고자 한다 하니, 이러므로 형제들아 우리가 모든 궁핍과 환난 가운데서 너희 믿음으로 말미암아 너희에게 위로를 받았노라. 그러므로 너희가 주 안에 굳게 선즉 우리가 이제는 살리라."

데살로니가 교회를 방문하고 싶어도 갈 수 없었던 바울은 디모데를 보내 그들의 상황을 파악하고 격려하게 하였다. 그리고 이제 디모데가 돌아와서 전한 내용을 듣고 위로받고 기뻐하였던 것이다. 근심이 변하여 기쁨이 되었던 것이다. 그 기쁨을 요약하면 세 가지이다. 첫째, 데살로니가 성도들의 믿음과 사랑에 대한 소식을 듣고 기뻐하였다. 둘째, 데살로니가 성도들도 바울을 간절히 보고 싶어하고 있음에 기뻐하였다. 그리고 셋째, 데살로니가 성도들이 주 안에서 굳게 서 있다는 사실을 듣고 '이제야 살 것 같다'며 기뻐하였다. 이는 한마디로, 신앙 생활 한 지 얼마 안 되는 데살로니가 성도들이 주 안에서 믿음과 사랑으로 하나 되어 성장해 간다는 소식을 듣고 기뻐하였던 것이다.

이 대목에서 놓치지 말아야 할 것은 사도 바울의 기쁨은 자기도취나 자기만족의 기쁨이 아니라는 사실이다. 그 기쁨은 '하나님 앞에서'의 기쁨이다(9절). 사도 바울은 자신이 목회를 잘해서, 사역의 결과가 좋아서, 교회가 부흥하여 기뻐했던 것이 아니다. 데살로니가 성도들로 하여금 복음을 영접케 하고, 그 믿음 안에서 성장케 하신 분은 하나님이시기 때문에 그 하나님 앞에 나아가 기쁨을 올려드렸던 것이다. 만약 바울의 기쁨이 인간적, 세속적 기쁨이었고 결과에 따른 조건적 기쁨이었다면 그 기쁨은 자기만족과 자아도취로 빠지게 하는 우상이 될 수도 있었다.

흔히 사람들은 다른 사람에게 없거나 또는 다른 사람이 소유할 수 없는 귀중한 무엇인가를 가지고 있을 때 커다란 기쁨을 느낀다. 그 귀중한 것이 물질적이든 정신적이든 그것을 소유할 때 만족의 기쁨을 누리게 된다. 예를 들어, 내 자녀가 태어났다든지, 열심히 일하여 마침내 내 집을 장만했다든지, 성실함으로 성공하고 출세한 자녀를 두었다든지, 심지어 운 좋게 거액의 복권에 당첨되었다든지 등, 이 모든 것들이 기쁨의 요인들이다.

그럼 왜 그런 기쁨은 오래가지 못하는가? 시간이 지나면 왜 더 이상 기뻐하지 않는가? 그 이유는 바로 기쁨을 초래하는 요인 자체만을 중요하게 여기기 때문이다. 기쁨 자체를 누리는 것이 아니라 기쁨을 유발하는 요인들을 중시하기 때문에, 그 기쁨이 오래가지 못하는 것이다. 그 요인들이 이루어지거나 혹은 사라지게 되면 더 이상 기쁨의 감격을 누리지 못하는 것이다.

그렇다면 어떻게 해야 온전한 기쁨, 항상 기쁨을 누리며 살아갈 수 있는가? 그 답은 바로 기쁨의 근원이자 본질이 되시는 하나님을 만나는 것이다. 하나님과 종일 함께 있는 것이다. 그러면 하나님의 마음과 우리 마음이 영적 블루투스로 연결되어 하나님의 기쁨이 우리 마음 안으로 들어와 그 기쁨의 충만을 누리게 된다. 한마디로, 선물이 아니라 선물을 주시는 분을 만나 함께 사는 것이 진정한 기쁨을 누리는 유일한 길이다. 하나님 앞으로 나아가면 세상이 줄 수 없는 평안의 기쁨을 맛보아 알 수 있다.

이 기쁨을 맛보아 체험한 하박국 선지자는 이렇게 선포한다. "비록 무화과나무가 무성하지 못하며 포도나무에 열매가 없으며 감람나무에 소출이 없으며 밭에 먹을 것이 없으며 우리에 양이 없으며 외양간에 소가 없을지라도, 나는 여호와로 말미암아 즐거워하며 나의 구원의 하나님으로 말미암아 기뻐하리로다"(합 3:17-18). 하박국 선지자는 먹을 것도 마실 것도 없을지라도, 그 '없을지라도'의 절망 가운데서도 "여호와로 말미암아 즐거워하며 하나님으로 말미암아 기뻐하리로다"라고 오늘도 소리 높여 찬양하고 있다.

다음으로 사도 바울은 "너희로 말미암아" 기뻐한다고 고백하였다. 이는 사도 바울의 기쁨이 데살로니가 성도들 때문에 오는 기쁨임을 시사한다.

다시 말해, 자신이 하나님께 쓰임 받아 개척된 교회가 열매 맺고 자라나고 있음에 사도 바울은 기뻐하였던 것이다. 자신이 전도한 성도들이 복음 위에 바로 서고, 견고한 믿음으로 십자가의 삶을 살아가는 것을 보는 기쁨, 그 기쁨은 무어라 표현할 수 없는 감격에 찬 기쁨일 것이다. 이 기쁨이 얼마나 큰지, 그 기쁨의 강도를 '**모든 기쁨으로**' 표현하고 있다. 인간의 그 어떤 언어로도 '하나님 앞에서의 기쁨'을 제대로 표현할 수 없어 그저 '모든 기쁨'의 기쁨이라 말하고 있는 것이다. 이는 한 마디로, 사도 바울이 데살로니가 성도들로 인해 하나님 앞에서 마음껏 충만하게 기뻐하였음을 보여 준다. 지금까지 겪었던 궁핍과 환난의 고통을 까마득히 잊어버릴 만큼, 그리고 또한 환난과 시험 가운데 처해 있는 데살로니가 성도들에 대한 염려와 노심초사를 말끔히 털어버릴 만큼 그 기쁨이 컸던 것이다. 잊지 말라, 이 기쁨은 오직 여호와 하나님 앞에서만 가능하다.

감사의 간구

다음으로 사도 바울의 기도는 감사의 간구이다. "너희를 위하여 능히 어떠한 감사로 하나님께 보답할까."

사도 바울의 감사는 데살로니가 성도들이 믿음을 잘 견뎌주었기 때문에 그들에게 하는 감사가 아니다. 하나님께 드리는 감사이다. 사도 바울이 데살로니가 성도들로 인해 하나님으로부터 받은 기쁨은 그 무엇으로 보답한다 해도 부족하리만큼 큰 것이었다. 이에 대한 반응이 감사로 나타난 것이다.

우리 인간은 그 어떤 것으로도 하나님의 은혜에 보답할 수 없다. 그저 감사할 뿐이다. 그래서 사도 바울은 '어떠한 감사로 하나님께 보답할 수 있을까'라고 고백하였던 것이다. 이를 잘 보여주는 것이 '감사'라는 단어이다. 여기서 '감사로' 번역된 원어는 '베풀어 주신 은혜를 잊지 않는다'라는 의미를 내포하고 있다. 다시 말해, 사도 바울은 데살로니가 성도들을 굳건한 신앙으로 세워가시는 하나님의 은혜, 그 은혜를 한 시도 잊지 않고 기억하며 감동, 감격, 감사하고 있었던 것이다.

사도 바울의 기도는 하나님의 은혜를 잊지 않는 것이 감사의 본질임을 알려준다. 모든 것이 주님의 은혜임을 고백하는 것이 감사의 출발점임을 가르쳐 주고 있다. 우리 인생의 출발점, 신앙의 출발점은 바로 하나님의 은혜이다. 그리고 그 은혜로 인해 기뻐하고 감사할 수 있다. 오늘도 변함없이 우리를 사랑으로 품어 주시는 하나님, 그 하나님의 한량없으신 은혜로 인해 오늘 우리가 믿음 생활 할 수 있다는 사실이 깨달아질 때, 그때 저절로 나오는 것이 바로 기쁨의 감사이다. 바로 그 기쁨과 감사가 기도의 출발점이 되어야 함을 사도 바울은 오늘도 우리를 향해 권면하고 있다.

하나님 앞에서의 기쁨과 감사로 시작한 사도 바울의 기도는 다음 세 가지로 요약할 수 있다. '믿음 성장, 사랑 충만, 거룩한 삶'

첫째, '믿음 성장'

사도 바울은 데살로니가 성도들의 믿음이 견고하게 성장해 가길 간 구하였다. "주야로 심히 간구함은 너희 얼굴을 보고 너희 믿음이 부 족한 것을 보충하게 하려 함이라"(살전 3:10).

여기서 '주야로'라는 말은 단순히 밤과 낮의 정해진 두 번의 시간을 의미하는 것이 아니라, '시도 때도 없이'라는 의미이다. 그리고 '심히' 라는 말은 '한도를 넘어서 더 많이'라는 의미를 담고 있다. 이는 사 도 바울이 데살로니가 성도들을 위해 얼마나 간절하게 열정적으로 기도하였는지를 보여준다. 사도니까, 목사니까, 데살로니가 교회를 개척했으니까, 그 책임감에 마지못해 기도하는 것이 아니라 온 맘과 힘을 다해, 땀방울이 핏방울이 되는 것과 같이 사생결단의 자세로 사도 바울은 기도하였던 것이다.

사도 바울처럼 주야로 심히 간구해 본 적이 있는가? 사생결단의 기 도를 해본 적이 있는가?

이런 기도의 모습을 잘 보여주는 것이 '얍복강' 가에서의 야곱의 기 도이다. 창 32:24을 보면 야곱이 기도하는 모습을 가리켜 '씨름하다' 라는 말로 묘사하고 있다("야곱은 홀로 남았더니 어떤 사람이 날이 새도록 야곱과 씨름하다가"). 이는 야곱의 기도가 마치 실제로 씨름 을 하듯이 하나님께 매달리고 울부짖는 기도, 필사적이며 절실한 기도였음을 암시한다. 야곱의 기도가 얼마나 필사적이었는지 기도하다가 그만 그의 환도뼈가 위골되었다. 다시 말해, 야곱은 자신의 온몸이 으스러질 정도로 결사적으로 하나님께 매달렸던 것이다. 이 기도가 바로 '주야로 심히 간구함'의 기도였고, 그리고 오늘 우리의 기도가 되어야 한다.

이와 관련하여 오늘 우리가 기도함에 있어 잊지 말아야 할 두 가지 점을 나누고자 한다. **먼저,** 사람들은 흔히 열정적으로 기도해야 응답 받는다고 생각한다. '지성이면 감천'이라는 생각으로 기도에 임한다. 그런데 기억해야 할 것은 기도 응답은 우리의 열정이 아니라 하나님의 뜻에 달려있다는 사실이다. 기도가 아무리 열정적이고 필사적이라 할지라도 그 기도가 하나님의 뜻에 합당하지 않으면 절대로 응답 받을 수 없다. 올바른 성경적 기도가 아니라면 주님의 음성을 들을 수 없다. 성경적이지 못한 기도의 열정은 마치 신을 감동시켜 내가 원하는 것을 얻으려 하는 굿판과 다르지 않다. 작두를 타고 미친 듯이 신의 이름을 부르며 뛰어 다니는 무당의 헛된 외침과 같다.

다음으로, 사도 바울은 지금 데살로니가 교회를 방문할 수는 없지만, 그들의 믿음이 바로 서고 굳건히 성장해 가길 주야로 심히 기도하였다. 이를 통해 깨닫는 것은 기도는 시공을 뛰어넘어 역사하는 하나님의 능력이라는 사실이다. 사도 바울은, 비록 함께하지는 못하지만, 기도를 통해서도 데살로니가 성도들의 믿음이 굳건해 질 수 있음을 믿음으로 확신하였다. 다시 말해, 사도 바울의 기도는 하나님의 능력을 믿고 간구한 확신의 기도였던 것이다. 사도 바울은 데살로니가가 교회를 방문하고 싶었지만, 사탄의 방해로 인해 갈 수 없었다. 그런 방해 속에 바울은 낙심하고 기도를 주춤한 것이 아니라 오히려 더 간절히 열심히 주야로 기도하였다.

이 세상을 살아가며 인생의 장애물이나 방해를 만날 때, 그것들은 낙심, 절망, 또는 포기의 이유가 되는 것이 아니다. 오히려 우리를 기도의 자리로 인도하는 역설적 축복이다. 고난은 우리를 기도로 이끌고 기도는 우리를 하나님의 뜻과 섭리로 이끌어 간다. 그래서 고난은 축복의 시작이다.

둘째, '사랑 충만'

데살로니가 성도들을 향한 사도 바울의 두 번째 기도는 '사랑 충만'이다. "또 주께서 우리가 너희를 사랑함과 같이 너희도 피차간과 모든 사람에 대한 사랑이 더욱 많아 넘치게 하사"(살전 3:12).

'우리가 너희를 사랑함과 같이.' 이는 사도 바울이 앞장에서 살펴 본 빌립보 교회만이 아니라 데살로니가 교회도 그리스도의 심장으로 품고 사랑하고 있음을 보여준다. 그리고 그리스도의 사랑인 아가페 사랑으로 사도 바울이 데살로니가 성도들을 사랑함과 같이 서로 '피차 간과 모든 사람에' 대해 사랑할 것을 간구하고 있다. 사실, 데살로니가 성도들은 참된 사랑이 무엇인지를 모르고 살아온 헬라인들이다. 지금까지 에로스 사랑만을 추구해온 그들이 이제 그리스도의 아가페 사랑을 느끼고 체험하고 그 사랑으로 서로를 품어주는 아름다운 교회가 되길 사도 바울은 기도하였다.

여기서 주목할 점은 데살로니가 성도들이 사랑할 대상인 '피차간'과 '모든 사람'이다. 먼저 '피차간'이란 성도들이 '서로서로를 향하여'라는 의미로, 사도 바울은 데살로니가 교회가 성도들 상호간에 사랑이 넘쳐나기를 기도했던 것이다. 그리고 '모든 사람'은 교회 밖의 사람들, 즉 이해 관계가 없는 세상 사람들뿐만 아니라 그들을 핍박하는 적대자들까지 포함한다(마 5:44-47). 따라서 '모든 사람'을 사랑하라는 것은 독생자를 내어주시면서까지 죄인들을 사랑하신 하나님의 그 아가페 사랑으로 세상 사람들, 심지어 적대자들까지 품고 사랑할 수 있게 되기를 간구한 기도이다.

이는 한마디로, 우리 믿는 자들의 사랑이 그리스도 안에서의 '형제애'뿐만 아니라 '인류애'에 있어서도 충만하기를 기도한 것이다. 즉, 세상을 사랑으로 품는 기도이다. 우리 믿는 자들은 교회를 넘어 세상을 사랑으로 품을 줄 알아야 한다. 이것이 바로 선교적 비전의 본질이며 주님께서 명하신 지상 대명령을 수행하는 출발점이자 원동력이다.

그럼 어떻게 세상을 사랑으로 품을 수 있을까? 어떻게 나를 핍박하고 대적하는 자까지 사랑으로 품을 수 있을까? 그래서 기도해야 하는 것이다. 그럼 어떻게 해야 이 기도가 응답 받을 수 있을까?

그 답은 바로 '주께서… 넘치게 하사'이다. 모든 사랑의 출발점은 주님의 사랑이다. "우리가 사랑함은 그가 먼저 우리를 사랑하셨음이라"(요일 4:19). 앞장에서 빌립보 교회를 향한 기도와 마찬가지로 예수 그리스도의 십자가 사랑을 알고, 느끼고, 체험하고, 그 사랑 안에 충만히 거할 때 형제와 이웃 그리고 다른 사람, 심지어 핍박자까지 사랑으로 품을 수 있다. 그래야 지극히 선한 것을 분별하여 증거하며 의의 열매를 맺어 하나님께 영광 돌릴 수 있다. 바로 이런 교회가 우리 모두의 교회가 되길 소망하며 기도한다.

셋째, '거룩함의 삶'

데살로니가 교회를 향한 사도 바울의 마지막 세 번째 기도는 '거룩함에 흠이 없는 삶'이다. "너희 마음을 굳건하게 하시고 우리 주 예수께서 그의 모든 성도와 함께 강림하실 때에 하나님 우리 아버지 앞에서 거룩함에 흠이 없게 하시기를 원하노라"(살전 3:13).

이는 앞장에서 사도 바울이 빌립보 교회를 향해 주님이 재림하시는 그 날까지 진실하고 흠이 없는 성도가 되길 기도한 그 기도와 동일하다. '동일하다'는 것은 이 기도가 시공을 넘어 모든 성도들을 향한 기도임을 암시한다. 앞서 기도한 제목인 '믿음 성장', '사랑 충만'과 더불어 거룩함에 흠이 없이 살아가는 삶, 그런 삶이 바로 하나님을 믿는 자 모두가 예외 없이 이루어가야 하는 삶이다. 오늘 우리도 세상 사람들 앞에서 거룩하다 인정받아야 한다. 일터와 일상에서 하나님의 구별된 자녀답게 인정받아야 한다. 그러나 그 무엇보다도 중요한 것은 사도 바울이 기도하였듯이 하나님 보시기에 거룩해야 한다. "하나님 우리 아버지 앞에서 거룩함에 흠이 없게 하시기를 원하노라".

그렇다면 하나님 앞에서의 거룩함이란 무엇인가? 두 가지의 거룩함이 있다.

첫째, 장소적(공간적) 거룩함이다. 다른 사람이 보지 않을 때, 나 혼자 있을 때, 나의 앞모습과 뒷모습은 같은가의 거룩함이다.

둘째, 시간적 거룩함이다. 어제나 오늘이나 변함없이 주의 백성답게 살아가는 것을 의미한다. 오늘만이 아니라 내일도 세상과 구별되는 삶을 살아가는 거룩함이다.

인간은 그 누구도 예외 없이 언젠가는 죽게 되어 있다. 그리고 하나님의 심판대 앞에 반드시 서야 한다. 하나님의 심판대 앞에 서게 될 때, 우리 모두가 한 사람도 빠짐없이 거룩하고 흠이 없다 판결 받게 되길 소망한다.

사도 바울은 데살로니가 성도들의 믿음이 온전히 성숙하게 되길 기도하였다. 그리고 데살로니가 성도들 간에 아가페 사랑이 충만하게 넘쳐나 세상을 사랑으로 품게 되길 기도하였으며, 그들이 이 세상 마지막 날 거룩하고 흠 없다 판결 받아 천국에 모두 다 들어가게 되길 기도하였다.

잊지 마라, 이 기도의 시작은 '기쁨과 감사'이다. 기도가 응답 받는 그 능력의 핵심은 바로 하나님 앞에서의 기쁨과 감사이다. 그래서 사도 바울은 오늘도 다음과 같이 권면한다. "항상 기뻐하라 쉬지 말고 기도하라 범사에 감사하라 이것이 그리스도 예수 안에서 너희를 향하신 하나님의 뜻이니라"(살전 5:16-18).

'원하고 바라고 기도합니다'

이 세상을 살아가는 동안에
나의 힘을 의지할 수 없으니
기도하고 낙심하지 말 것은
주께서 참 소망이 되심이라

주의 길을 걸어가는 동안에
세상의 것 의지할 수 없으니
감사하고 낙심하지 말 것은
주께서 참 기쁨이 되심이라

하나님의 꿈이 나의 비전이 되고
예수님의 성품이 나의 인격이 되고
성령님의 권능이 나의 능력이 되길
원하고 바라고 기도합니다

9장

하나님께
기쁨과 감사를
드리는 삶

우리가 너희를 위하여 기도할 때마다 하나님 곧 우리 주 예수 그리스도의 아버지께 감사하노라, 이는 그리스도 예수 안에 너희의 믿음과 모든 성도에 대한 사랑을 들었음이요, 너희를 위하여 하늘에 쌓아 둔 소망으로 말미암음이니 곧 너희가 전에 복음 진리의 말씀을 들은 것이라, 이 복음이 이미 너희에게 이르매 너희가 듣고 참으로 하나님의 은혜를 깨달은 날부터 너희 중에서와 같이 또한 온 천하에서도 열매를 맺어 자라는도다, 이와 같이 우리와 함께 종 된 사랑하는 에바브라에게 너희가 배웠나니 그는 너희를 위한 그리스도의 신실한 일꾼이요, 성령 안에서 너희 사랑을 우리에게 알린 자니라, 이로써 우리도 듣던 날부터 너희를 위하여 기도하기를 그치지 아니하고 구하노니 너희로 하여금 모든 신령한 지혜와 총명에 하나님의 뜻을 아는 것으로 채우게 하시고, 주께 합당하게 행하여 범사에 기쁘시게 하고 모든 선한 일에 열매를 맺게 하시며 하나님을 아는 것에 자라게 하시고, 그의 영광의 힘을 따라 모든 능력으로 능하게 하시며 기쁨으로 모든 견딤과 오래 참음에 이르게 하시고, 우리로 하여금 빛 가운데서 성도의 기업의 부분을 얻기에 합당하게 하신 아버지께 감사하게 하시기를 원하노라 (골 1:3-12).

2021년 12월 16일자 일간지 신문을 보면 이런 타이틀의 기사가 있다. "우연히 산 3만원 짜리 그림, 알고 보니 591억원 가치." 그 기사 내용을 보면, "최근 미국에서 한 남성이 3만원에 무심코 구매했던 그림이 르네상스 시대 유명 화가의 희귀 스케치로 밝혀져 화제다. 15일(현지 시간) 미국 뉴욕포스트 등에 따르면 미국 북동부 매사추세츠 콩코드에서 익명의 남성이 30달러(약 3만 5000원)에 샀던 그림이 독일 르네상스 화가 알브레히트 뒤러의 스케치 원본으로 밝혀졌다." 해당 그림의 현재 추정가는 놀랍게도 5000만달러(약 591억원)에 달한다고 알려졌다. 그도 그럴 것이 알브레히트 뒤러는 '독일 미술의 아버지,' '북유럽의 다빈치'로 불리는 르네상스의 대표적인 화가이다.

그럼 어떻게 그 그림이 알브레히트 뒤러 작품인 줄 알았는가? 그 그림에 'A.D'라는 인장이 새겨져 있었는데, A.D는 바로 알브레히트 뒤러의 서명 인장이었던 것이다. 그림이 제 아무리 멋지고 아름다워도, 거기에 누구의 서명이 있는가가 중요하다. 누구의 작품이냐에 따라 그 작품의 가치는 달라질 수 있다. 사실 모조 작가도 아주 똑같이 원본의 그림을 그려낼 수 있다. 그러나 거기에는 작가의 서명이 없다. 다시 말해, '누가 그렸는가,' '누구의 서명이 있는가'로 그 작품의 가치를 결정하는 것이다.

그렇다면 만약 창조주 하나님이 친히 서명하신 작품이 있다면 그 가치는 얼마나 될까? 이 세상 그 어떤 것으로도 가치를 매길 수 없을 것이다. 이 세상 그 어떤 것도 비교 대상이 될 수 없을 것이다. 그 가치를 매길 수 없는 하나님의 작품 중의 걸작품이 바로 '우리'이다. 하나님은 우리를 하나님의 형상을 따라 만드셨으며, 우리 안에 하나님의 친필 서명인 성령의 인장을 찍어 놓으셨다. 이제 당신이 얼마나 귀한 존재인지 감이 잡히는가?

우리는 이 세상을 아무렇게나 함부로 살아갈 수 없는 존재이다. 세상 사람들 살아가듯이 살아서는 안 된다. 하나님의 형상대로 창조된 그 고귀한 존재 가치에 걸맞게 살아가야 한다. 하나님이 성령으로 인친 자로서 그에 합당하게 살아가야 한다. 그래서 사도 바울은 모든 성도가 하나님 보시기에 가치 있는 삶을 살아가길 쉬지 않고 기도하며 권면하였던 것이다. 이 사도 바울의 기도 안에는 골로새 교회 성도들도 들어 있었다. "이로써 우리도 듣던 날부터 너희를 위하여 기도하기를 그치지 아니하고 구하노니 너희로 하여금 모든 신령한 지혜와 총명에 하나님의 뜻을 아는 것으로 채우게 하시고"(골 1:9).

골로새 교회를 향한 바울의 기도, 그치지 않는 쉼 없는 기도는 '소식을 들은 날부터' 시작되었다. 사도 바울이 들은 소식은 골로새 교회가 '믿음, 사랑, 소망' 안에서 자라가고 있다는 참으로 반가운 소식이자 바람직한 소식이었다(골 1:4-8). 그리고 이 소식 들음은 사도 바울의 감사로 이어졌음을 골 1:3은 증거하고 있다. "우리가 너희를 위하여 기도할 때마다 하나님 곧 우리 주 예수 그리스도의 아버지께 감사하노라." 사도 바울은 데살로니가 교회를 향하여 '범사에 감사하라'고 가르쳤던 것처럼(살전 5:18) 자신도 늘 감사하는 생활을 했다. '범사에 감사'하는 삶은 하나님에 대한 확실한 믿음에 기초할 때 가능하다. 비록 지금은 힘들고 어려울지라도 주님께서 가장 최선의 길로 인도할 것이라는 믿음 가운데 모든 상황 속에서도 감사할 수 있는 것이다.

여기서 주목할 점은, 골로새 교회가 복음 위에 잘 세워져 가고 있다는 소식을 들었음에도 사도 바울이 계속해서 '기도하였다'라는 사실이다. 그것도 쉼 없는 기도를 하였다. '이젠 됐다', '신앙의 안정권에 들어섰다', '자립의 단계에 도달했다'라고 생각하며 기도를 멈춘 것이 아니라, '기도하기를 그치지 아니하고' 계속 간구하였던 것이다. 이게 기도의 본질적 자세이다. 기도는 항상 현재형이다. 어제도 오늘도 내일도 현재형이다.

그럼 사도 바울이 골로새 교회를 위해 쉬지 않고 중보 기도한 내용은 무엇인가? 복음 안에서 '믿음, 사랑, 소망'으로 건강하게 성장하고 있는 골로새 교회에 더 필요한 것은 무엇인가?

사도 바울은 골로새 교회가 "하나님의 뜻을 아는 것으로" 채워 지길 기도하였다(골 1:9하). 교회는 먼저 복음 위에 굳건히 세워져야 한다. '믿음, 사랑, 소망' 안에서 하나되어야 한다. 그리고 이제 '하나님의 뜻'을 분별하여 그 뜻을 실천하는 교회가 되어야 함을 사도 바울은 간구하였던 것이다.

개인의 신앙 성장과 교회 공동체의 성장에는 '이 정도면 됐다'라는 완성점은 없다. 주님 오시는 그 날까지, 저 하늘 본향에 들어갈 때까지 계속해서 성장하고 성숙해져 성화되어가야 한다. 그것이 우리 신앙의 목표이다. 성령의 인친 자로서 주님의 장성한 분량이 충만한 데까지 도달하는 것, 그것이 우리가 이 땅을 살아가는 목적이다. 그 인생의 목적, 신앙의 목표를 이루기 위해서 절대적으로 필요한 것이 바로 하나님의 뜻을 올바로 아는 것이다. 우리를 지으시고 만드신 하나님의 뜻을 올바로 알아야 제대로 살아갈 수 있다. 왜냐하면 하나님의 뜻은 우리 인생의 '사용설명서'이기 때문이다.

여기서 사도 바울이 말하고 있는 '하나님의 뜻'이란 하나님께서 자신의 백성을 구원하여 하나님의 형상으로 완전히 회복시키는 일을 의미하며, 바로 이 일을 이루기 위해 하나님은 각각의 성도를 향한 기대와 바람과 소원을 가지고 계신다. 바로 이 하나님의 기대와 소망, 나를 향한 하나님의 기대와 소망을 아는 것이 충만케 되기를 사도 바울은 기도하였던 것이다. 하나님의 뜻을 앎에 있어 2% 부족함이 아닌 100% 가득 채워 넘쳐나기를 기도하였던 것이다('채우게 하시고'). 그러면 '하나님의 뜻을 아는 것'을 어디에 채우라는 것인가? 그 답은 우리의 삶 가운데이다. 단순히 하나님의 뜻을 아는 지식으로 머무는 것이 아니라 24시간 365일 삶 가운데 하나님의 뜻이 온전히 이루어지길 사도 바울은 기도하였다. 기억하라, 하나님의 뜻 안에서는 실패가 없다. 그리고 하나님의 뜻 밖에서는 성공이 없다.

우리 인생의 사용설명서인 하나님의 뜻대로 사는 것이 정답의 인생이다. 우리를 창조하신 하나님의 뜻을 깨달아 알아 그 뜻을 하루하루 이루어가는 삶이 성공하는 인생이다. 그렇다면 어떻게 우리의 삶을 하나님의 뜻을 아는 것으로 충만히 채울 수 있는가? 이에 사도 바울은 이렇게 대답한다. "너희로 하여금 모든 신령한 지혜와 총명에"(골 1:9). 우리의 삶이 하나님의 뜻을 아는 것으로 채워지기 위해 선 '지혜와 총명'이 필요하다. 그것도 '모든 신령한 지혜와 총명'이 필요하다.

그렇다면 모든 신령한 지혜와 총명은 어디서 구할 수 있는가? 이 질 문에 골 2:3은 다음과 같이 답하고 있다. "그(예수 그리스도) 안에는 지혜와 지식의 모든 보화가 감추어져 있느니라"(골 2:3). 모든 신령 한 지혜와 총명을 구하는 길은 오직 하나 예수 그리스도 안에 거하 는 것뿐이다. 다시 말해, 우리의 삶이 하나님의 뜻을 아는 것으로 채 워지기 위해선 예수 그리스도 안에 거하는 삶을 살아야 한다. 날마 다 주님과 친밀하게 만나 인격적으로 동행해야 한다. 그래야 "주께 합당하게 행하여 범사에 기쁘시게 하고"(골 1:10상)의 삶을 살아갈 수가 있다.

지금 당신은 그리스도 안에 거하며 하나님의 뜻을 이루어가는 삶을 살고 있는가? 아니, 그런 삶을 우리 믿는 자들은 반드시 살아내야 한다. 왜냐하면 하나님의 뜻대로 살아가야 하나님께서 기뻐하시기 때문이다. 화가가 자신이 그린 작품의 가치가 제대로 인정받을 때 기뻐하듯이, 하나님 또한 하나님이 만드신 걸작품인 우리가 그 창조 된 가치대로 살아갈 때 기뻐하신다.

그럼 하나님의 창조 가치대로 사는 삶이란 어떤 삶인가? 하나님을 기쁘시게 하는 삶이란 무엇인가? 이에 대한 네 가지의 지침이 사도 바울의 기도를 통해 주어지고 있다. "주께 합당하게 행하여 범사에 기쁘시게 하고 모든 선한 일에 열매를 맺게 하시며 하나님을 아는 것에 자라게 하시고, 그의 영광의 힘을 따라 모든 능력으로 능하게 하시며 기쁨으로 모든 견딤과 오래 참음에 이르게 하시고, 우리로 하여금 빛 가운데서 성도의 기업의 부분을 얻기에 합당하게 하신 아버지께 감사하게 하시기를 원하노라"(골 1:10-12).

첫 번째 지침

'모든 선한 일에 열매를 맺게 하시며'

골로새 성도들이 주님을 기쁘게 해드리는 삶을 살아가기를 원하는 사도 바울의 기도 제목 가운데 첫 번째는 '모든 선한 일에 열매를 맺는 것'이다. 그냥 선한 일이 아닌 모든 선한 일, 이는 성도의 삶 전체가 선한 열매를 맺어야 함을 의미한다. 그럼 삶 전체가 선한 열매를 맺는다는 것은 무엇을 말하는 것인가? 크게 다음 두 가지의 의미가 있다.

먼저, 열매에 초점을 둔 의미이다.

성경은 성도가 맺어야 할 대표적인 열매로 성령의 9가지 열매를 제시하고 있다. '사랑, 희락, 화평, 오래 참음, 자비, 양선, 충성, 온유, 절제.'

앞서 살펴 보았듯이(Part2, 1장) 성령의 9가지 열매를 한 마디로 요약하면 '사랑'이다. 나머지 8가지 열매는 사랑의 또 다른 표현이자, 사랑으로 맺어지는 열매이다(참고로, 고전 13장은 사랑에 대해 15가지로 설명하고 있다). 그리고 또 하나 잊지 말아야 할 것은, 열매는 나를 위한 것이 아니라 남을 위한 것이다. 포도나무가 자신이 맺은 포도 열매를 먹는 것을 본 적이 있는가? 사과나무가 자신의 가지에 달린 사과 열매를 먹었다는 이야기를 들어본 적이 있는가? 열매는 남에게 주기 위해 맺는 것이다. 그것도 아주 잘 익었을 때에. 이로 보건대, '하나님을 기쁘시게 해드리는 삶'은 한마디로 남에게 사랑을 베푸는 삶이다. 형제와 이웃을 사랑하는 것이 곧 하나님을 사랑하는 것이다.

다음으로, 삶 전체에 초점을 둔 의미이다.

마 5:16을 보면 "이같이 너희 빛이 사람 앞에 비치게 하여 그들로 너희 착한 행실을 보고 하늘에 계신 너희 아버지께 영광을 돌리게 하라"는 주님의 말씀이 나온다. 이 말씀은 우리의 삶이 착한(선한) 행실이 되어야 하고, 그 선한 행실은 세상을 비추는 빛이 되는 것, 이것이 바로 삶 전체가 선한 열매를 맺는 삶임을 시사한다.

빛에는 두 종류가 있다. 발광체와 반사체이다. 그럼 사람 앞에 비치게 하는 우리의 선한 행실은 어떤 빛인가? 반사체이다. 빛의 본질과 근원은 하나님이시기 때문이다. 따라서 우리의 선한 행실이 빛이라는 것은 우리가 하나님의 선하심을 세상에 반사하는 것을 의미한다. 왜냐하면 온 우주 만물 가운데 오직 하나님 한 분만이 선하시기 때문이다.

일반적으로 빛을 반사하는 강도는 빛의 근원에 얼마나 가까운가에 달려있다. 빛의 근원에 가까우면 가까울수록 반사되는 빛의 강도는 점점 더 강해진다. 다시 말해, 우리가 하나님께 가까이 가면 갈수록 우리 삶을 통해 증거되는 선함의 반사 강도는 증가하게 되어 있다. 이것이 바로 세상을 향한 선한 영향력이다.

그리고 또한 하나님께 가까이 가면 갈수록 나의 본 모습이 적나라하게 드러나게 되어 있다. 환한 불빛 아래 있으면 그 모습이 훤히 드러나듯이 하나님 앞에 서면 우리의 본 모습이 전부다 훤히 드러날 수 밖에 없다. 흡사 MRI 또는 CT로 촬영된 것처럼 우리의 영적 문제점들, 실수와 허물, 그리고 온갖 더러운 죄악들이 있는 그대로 드러나게 된다. 우리가 얼마나 형편없는 존재인지, 그 참담한 모습이 드러난다. 겉으로는 거룩해 보여도 그 속이 얼마나 썩어 있는지, 그 냄새나는 역겨움의 모습이 하나도 숨김없이 그대로 드러난다.

그런데 이렇게 우리의 죄 많은 모습이 있는 그대로 적나라하게 드러나는 것, 그것은 단지 수치와 부끄러움의 문제가 아니다. 우리에게 역설적 축복을 부어주는 은혜이다. 왜냐하면 영적 문제들이 보이면 치우고 고치고 개선하면 되니까. 다시 말해, '내'가 죄인임을 깨닫게 되면, 자복하고 각성하고 회개함으로 나아가 거룩함을 회복하게 된다. 이 거룩함이 바로 선한 행실로 살아가는 출발점이 된다. 다시 말해, 남에게 사랑을 베푸는 선한 열매를 맺는 삶은 내면의 거룩함의 회복으로부터 시작된다.

이렇게 세상에서 선한 행실을 보이는 빛으로 살아가는 것 그것이 바로 하나님을 기쁘시게 해드리는 신앙의 본질이자 하나님께서 영광 받으시는 신앙의 증거이다.

두 번째 지침

'하나님을 아는 것에 자라게 하시고'

하나님을 기쁘시게 하는 삶에 대한 사도 바울의 두 번째 기도 제목은 하나님을 아는 것에 자라가는 것이다. 여기서 '하나님을 아는 것'이란 단지 지식적, 정보적으로 하나님을 아는 것만을 의미하는 것이 아니다. 하나님을 만나 인격적으로 교제하며, 친밀함의 관계로까지 들어가는 앎을 의미한다. 그리고 '자라게 하시고'로 번역된 원어는 식물이나 아기와 같은 생명체가 성장하고 점점 자라나는 것을 의미한다. 이는 하나님을 만나 교제하며 하나님을 알아감에는 지속적으로 성장이 필요함을 시사한다. 다시 말해, 갓난아기 신앙에서 어른 신앙으로 성장해가는 것이 하나님을 알아가는 과정 속에 반드시 필요함을 보여준다.

하나님을 알아간다는 것은 그저 어쩌다 한두 번 만남으로 이루어지는 것이 아니다. 특별한 때, 필요할 때만 만나는 것 또한 아니다. 매일매일 24시간 365일 하나님을 만나 교제하는 기쁨의 성장이 있는 것, 이것이 바로 우리 신앙의 본질이다. 한마디로, 신앙 생활은 하나님과 날마다 데이트하는 것이다. 이때 하나님께서는 기뻐하신다. 우리 믿는 자들이 하나님 손 꼭 붙잡고 코람데오의 삶을 살아갈 때 하나님께서는 기뻐하신다. 바로 이 영적 데이트의 축복을 모든 성도가 누리게 되길 사도 바울은 기도하였다.

세 번째 지침

'그의 영광의 힘을 따라 모든 능력으로 능하게 하시며 기쁨으로 모든 견딤과 오래 참음에 이르게 하시고'

사도 바울은 믿는 자들이 그 어떤 상황에서도 하나님이 주시는 '능력'으로 '기쁨'을 잃지 않고 인내하며 견딜 수 있게 되기를 간구하였다. 그 어떤 어려움에도 굴복하거나 피하지 않고 적극적으로 맞서는 능력, 그 능력으로 약속된 승리를 바라보며 기뻐하는 것이 바로 하나님의 걸작품이라는 증거이다. 하나님의 뜻으로 충만히 채워진 그리스도인은 어떤 시련과 시험 앞에서도 좌절하지 않는다. 오히려 하나님의 함께 하심을 믿고 그 섭리하심에 따라 순종하며 하나님의 뜻을 이루어간다. 이때 하나님께서는 기뻐하신다.

우리가 시련과 환난 가운데서, '모든 견딤과 오래 참음'으로 승리하기 위해 반드시 필요한 것은 바로 하나님이 주시는 '능력'과 '기쁨'이다. 그래서 야고보 사도가 여러 가지 시험을 만날 때 기뻐하라고 권면했듯이, 사도 바울 또한 강조하고 있는 것이다("기쁨으로 모든 견딤과 오래 참음에 이르게 하시고"). 하나님이 함께하시는 영적 기쁨이 충만할 때, 삶의 여유가 생긴다. 웬만한 것에 놀라거나 흔들리지 않고, 당황하거나 두려워하지 않는 능력이 샘솟듯 일어난다.

남산과 설악산 중 어느 산이 더 멋있어 보이는가? 어느 산을 바로 볼 때 감탄이 나오는가?

밋밋한 산보다 산세가 험하면 험할수록 비경의 극치를 보여준다. 그 절경 앞에 감탄의 환호성이 절로 나온다. 마찬가지로, 인생의 굴곡이 깊으면 깊을수록 감동과 은혜가 넘쳐나는 절경이 만들어진다. 인생의 깊은 굴곡, 시련과 고난 속에서 드러나는 기쁨은 그 절경의 방점을 찍는 마침표이다. 이 기쁨을 맛본 사도 바울은 아무 잘못없이 감옥 안에 갇혀 있으면서도 세상을 향해 다음과 같이 선포하였다. '항상 기뻐하라', '주 안에서 항상 기뻐하라.'

마지막 네 번째 지침

'우리로 하여금 빛 가운데서 성도의 기업의 부분을 얻기에 합당하게 하신 아버지께 감사하게 하시기를 원하노라'

사도 바울은 아무 자격 없는 우리에게 성도의 기업, 즉 하나님의 나라를 유업으로 받기에 합당한 자격을 주신 하나님께 감사드리기를 간구하였다. 다시 말해, 아무 대가없이 우리를 구속해 주신 하나님의 은혜를 잊지 않고 범사에 감사하는 삶을 살아가도록 간구한 것이다. 이 간구를 역으로 생각해 보면, 하나님의 은혜, 십자가 은혜를 망각하고 감사함 없이 살아가고 있는 성도들이 있음을 반증한다.

지금 당신은 하나님께 얼마나 감사하고 있는가? 동일한 일, 동일한 결과, 동일한 사건을 놓고 어떤 사람은 감사하고, 어떤 사람은 무덤덤하거나, 당연하게 여기거나 또는 불평하기도 한다. 감사하든 불평하든 그것은 전적으로 자신에게 달린 것이다. 이는 100% 맞는 말이다. 나에게 달린 것이다.

이 대목에서 잊지 말아야 하는 것, 그것은 바로 '나'는 하나님이 만드신 걸작품이라는 사실이다. 이 사실이 믿어진다면 그저 모든 것이 감사이다. 모든 일에 감사할 뿐이다. 바로 이 감사의 삶을 하나님은 기뻐 받으신다.

사도 바울은 오늘도 말씀을 통해 우리 모두가 하나님의 뜻을 아는 것으로 충만하여 하나님을 기쁘시게 하는 삶을 살아가기를 간구하고 있다. 그리고 그런 삶, 하나님을 기쁘시게 하는 삶은 삶 전체가 선한 열매를 맺는 삶이며, 하나님과 매일 인격적으로 만나 동행하며 영적 성장과 성숙을 이루어가는 삶이고, 그 어떤 상황 속에서도 하나님의 능력을 붙잡고 모든 것을 기쁨으로 견디며 승리하는 삶이자, 구원의 은혜를 주신 하나님께 범사에 감사하는 삶임을 강조하고 있다.

지금 당신은 그러한 삶을 살아가고 있는가? 당신의 삶을 통해 하나님의 기뻐하심이 온누리에 증거되길 기도한다.

'예수 닮기를'

내 삶의 소망 내가 바라는 한 분
예수 닮기를 내가 원하네
한없는 사랑 풍성한 긍휼
예수 닮기를 내가 원하네

예수닮기를 예수 보기를
예수만 높이길 내가 원하네
내 평생 소원 예수 닮기를
예수만 닮기를 내가 원하네

온유하시고 겸손하신 성품
예수 닮기를 내가 원하네
자비하시고 위로자 되시는
예수 닮기를 내가 원하네

예수 닮기를 예수 보기를
예수만 높이길 내가 원하네
내 평생 소원 예수 닮기를
예수만 닮기를 내가 원하네

완전하신 예수 새롭게 하시네
연약한 내 영혼 온전하게 되리

예수 닮기를 예수 보기를
예수만 높이길 내가 원하네
내 평생 소원 예수 닮기를
예수만 닮기를 내가 원하네

"기도하는 손이 가장 깨끗한 손이요,
가장 위대한 손이요,
기도하는 자리가 가장 큰 자리요,
가장 높은 자리이다"
〈알브레히트 뒤러〉

첨부
기도에 관한 명언

'주여 나를 변화시켜 주시고,
나를 통하여 이 어두워져 가는 세상을
변화시켜 주소서'

〈구세군 창시자 윌리엄 부스의 기도〉

기도는 천국문의 열쇠이다. 〈R.A. 토레이〉

기도는 세계를 움직이는 손을, 움직이게 한다. 〈G.D. 왓슨〉

믿음이 있는데 기도하지 않는 일이란 생각할 수 없다. 〈A.W. 토저〉

하나님께서는 세상을 기도로 조성하신다. 〈E.M. 바운즈〉

기도의 능력은 일면으로는 해독제요 일면은 방독제이다.
〈E.M. 바운즈〉

우리의 기도는 지칠 줄 모르는 힘과 거부될 수 없는 인내와 꺾여지지 않는 용기로 강하게 구해야 한다. 〈E.M. 바운즈〉

옷을 만드는 것은 재단사의 일이고 구두를 수선하는 것은 구두장이의 일이고 기도하는 것은 그리스도인의 일이다. 〈E.M. 바르너〉

기도의 실패자는 생활의 실패자이다. 〈E.M. 바르너〉

사람이 자기의 의견과 소원을 초월하여 자기의 마음을 향상시키고 자기의 주의를 하나님께 집중시키는 것이 기도의 제일 중요한 일이다. 〈E.F. 티틀〉

진정한 기도는 그의 입술의 말에 그 사람의 마음 자세에 있다.
〈E.F. 티틀〉

무릎을 꿇은 그리스도인은 발돋음을 천문학자보다 더 멀리 본다.
〈A. 토플레디〉

아버지와 같이 있기를 바라는 것 이외의 것을 바라지 않는 것이 기도의 가장 기본적인 의식이다. 〈레이 W. 랙스데일〉

기도는 영혼의 호흡이다. 〈토니 에반스〉

주님의 이름으로 구하는 것은 주님의 손에 이끌려 기도하는 것이다. 〈새뮤얼 리다우트〉

참된 기도는 진심과 순수함을 요구한다. 〈레너드 레이븐 힐〉

기도할 시간을 잃는다면 더 이상 기도할 수 없다. 〈워치만 니〉

기다리기를 쉬지 않은 기도는 마침내 감사와 찬송으로 열매 맺게 될 것이다. 〈조지 뮬러〉

기도란 그리스도의 능력을 붙잡는 손이다. 〈조지 뮬러〉

늙어 갈수록 기도를 더 많이 하라. 그러해야 신령한 일에 냉냉해지지 않는다. 〈조지 뮬러〉

기도는 우리의 매일의 일과이며 습관이며 사명이다. 〈찰스 스펄전〉

기도하지 않고 성공했으면 성공한 그것 때문에 망한다. 〈찰스 스펄전〉

내게 기도의 응답은 단지 신앙이 아니라 일상생활의 실험이다. 〈찰스 스펄전〉

우리에게 기도가 있는 한, 두려워할 위험은 아무것도 없다. 〈찰스 스펄전〉

기도는 우리가 믿음으로 발견한 주님의 복음에 들어있는 보물을 파 내는 것이다. 〈존 칼빈〉

어려운 환경에서 기도하고 싶은 마음마저 없다면 우리는 짐승만도 못한 사람들이 아닐 수 없다. 〈존 칼빈〉

기도 없이 그리스도인 되려는 것은 숨쉬지 않고 살려는 것보다 더 불가능한 일이다. 〈마틴 루터〉

오늘 할 일이 많이 있지만, 처음 3시간은 기도로 보내리라. 〈마틴 루터〉

기도는 하나님의 못마땅한 마음을 설득하는 게 아니라, 그분의 기꺼 운 마음을 붙잡는 것이다. 〈마틴 루터〉

기도는 하나님과 가장 진실되고 친밀한 대화를 나누는 것이다. 〈존 녹스〉

이 세상의 운명은 우리들의 기도에 따라서 작정될 것이다. 〈프랭크 라우박흐〉

기도는 하나님 앞에 끊임없이 굴복하는 것이다. 〈사두 선다 싱〉

기도는 아침의 열쇠이자 밤의 자물쇠가 되어야 한다. 〈조지 허버트〉

내가 일하면 내가 일하는 것이지만, 내가 기도하면 하나님께서 일하 신다. 〈패트릭 존스튼〉

계속 기도하라. 그리고 하나님의 응답이 당신의 기도보다 더 지혜로움에 감사하라. 〈윌리엄 컬버트슨〉

모든 것을 하나님께 기도로 가져갈 수 있는 것은 놀라운 특권이다. 그렇지 않은가? 〈허드슨 테일러〉

기도는 독백이 아니고 대화이다. 〈앤드류 머레이〉

하나님의 자녀는 기도로 모든 것을 정복할 수 있다. 사단이 교인들에게서 이 무기를 빼앗거나 그것의 사용을 제지하려고 최선을 다하는 것은 이상한 일이 아니다. 〈앤드류 머레이〉

기도는 영혼의 방패요, 사단을 향한 채찍이다. 〈존 번연〉

아침 기도는 은혜와 축복의 열쇠요, 저녁 기도는 안전과 보호의 자물쇠다. 〈존 번연〉

기도는 사람이 죄를 그치게 만든다. 그렇지 않으면 죄가 사람을 유혹하여 기도를 그치게 만든다. 〈존 번연〉

기도는 하늘의 권능을 땅으로 가져오는 통로다. 〈오 할레스비〉

그리스도인에게 기도는 숨결 같아야 한다. 〈오 할레스비〉

기도는 하나님의 심정에 이르게 하는 것이다. 〈제레미 테일러〉

기도는 신자의 유일한 무기이다. 〈프렌스 톰슨〉

기도는 끊임없이 쏟아져 나오는 끊임없는 사랑의 응답이며, 모든 영혼을 인도하시는 하나님과 사귀는 길이다. 〈더글라스 스티어〉

은밀하고 열렬한 믿음의 기도는 경건함이라는 뿌리에서 시작된다.
〈윌리엄 캐리〉

모든 전투를 무릎으로 싸우라. 그러면 매번 이길 것이다.
〈찰스 스탠리〉

당신의 기도에서 우울함을 끄집어내고, 환호성을 집어넣으라.
〈빌리 선데이〉

기도가 없는 그리스도인은 능력 없는 그리스도인이다. 〈빌리 그레이엄〉

많은 기도들이 응답 받지 못하는 것은 우리가 너무 빨리 포기하기 때문이다. 〈조이 도우슨〉

시작이 반이다. 그러나 기도없이 시작된 일은 결코 좋은 시작일 수 없다. 〈팬스하우〉